清流出版

「超貧困」時代

アベノミクスにだまされない賢い生き方

森永卓郎

はじめに

勤労世帯の家計支出は、四〇代後半から五〇代前半にかけて最大になるといわれています。支出が収入を上回り、やりくりに四苦八苦することから、この時期を〈貧乏の峠〉と呼ぶのだそうです。しかしながら私は、この貧乏の峠の先には、もはや赤字の下り坂はないだろうと考えています。

これから庶民はどんどん貧乏になります。収入は激減し、「超貧困」が切実な恐怖となってだれの身にも迫ってくるはずです。かつては確かにあった、豊かな年金による満ち足りた老後というものも、もう存在しません。峠の先もずっと峠道が続くのだと覚悟したほうがいいでしょう。

私は二〇〇三年、格差社会が到来し、年収三〇〇万円時代がやってくると予測しました（『年収300万円時代を生き抜く経済学』）。そんなことになるはずがないだろうと当時はだれも相手にしてくれませんでしたが、残念ながら私の危惧は現実のものとなりました。

二〇〇一年四月から五年半近くに及んだいわゆる小泉構造改革は、若者を中心に非正社員を劇的に増大させ、国民の多くを低所得層へと追いやり、勝ち組負け組のロジックを操りながら「格差」といういひずみを日本の隅々まで浸透させてしまいました。

そして今、二〇一三年七月の参議院議員選挙でねじれ解消を果たした安倍政権は、日本を、さらなる格差社会へと変貌させようとしています。それも、大文字で「超」と付けなければならないほどの超格差社会。超弱肉強食社会と言い換えてもいいでしょう。

それは、巧妙に隠された利権や特権、癒着が我が世の春を謳歌し、安倍政権が声高に言う「成長」の果実は一割ほどの人が独占、残りの九割の国民は雇用を脅かされ貯蓄を奪われ、年収三〇〇万円すら確保しがたいという社会です。庶民は超貧困の危機に直面します。その恐るべき歯車となるものが、実はアベノミクスの三本目の矢の成長戦略であり、消費増税、TPP参加なのです。

私たち庶民はどう立ち向かったらいいのか。ヒントはインド独立の父、マハトマ・ガンディーが掲げた〈非暴力・不服従〉にあると、私は言い続けています。むやみな闘いは挑まない。しかし決して服従はしない。権力に躍らされることなく、何よりもまず地に足を着け、そこで幸せになる道を探る――。この心構えこそが、超格差・超弱肉強食社会を相対化し乗り越えうる、最良の手段の一つだからです。

本書は、この先に待ち受ける未曾有の貧乏の峠道を、遭難することなく、しかも楽しく歩き通すための手引きとなるよう、できうるかぎりわかりやすくと、まとめたものです。読者の皆さんにとって、これからを心豊かに生きる一助となればうれしいかぎりです。

【目次】

＊本文中の注、用語解説、図表は編集部作成

ブックデザイン●矢代明美
編集協力●水皐 艸

第一章

「超貧困」時代がやってくる！

1 アベノミクスとは何をもたらすものなのか

ぎりぎり間に合った金融緩和

「はじめに」で警鐘を鳴らしたように、超貧困時代への号砲となるのが、アベノミクスの第三の矢「成長戦略」です。

今後三年間は、国政選挙はおそらくないでしょう。第一の矢と第二の矢による〝光〟で二〇一三年七月の参院選を勝ち取った自民党安倍政権は、これから腰を据えて、恐るべき〝影〟である成長戦略を推し進めていくはずです。

その先に待ち受けるのは、庶民をひたすら疲弊させる超格差、超弱肉強食、そして超貧困の闇です。よくわからないままに翻弄されないよう、私たちは、成長戦略というものの本質を見極め、政策の一つひとつを注視していく必要があります。

まずはアベノミクスの中身とポイントを、金融緩和を中心に読み解いていきたいと思います。

的を射ている最初の二本の矢

安倍総理が掲げる経済政策――アベノミクス。その三本の矢と呼ばれるものが、「大胆な金融政策」「機動的な財政政策」「民間投資を喚起する成長戦略」です。

財政政策は、つまりは公共事業によって景気回復を図ろうとするものです。金融政策の眼目は、大幅な金融緩和です。アベノミクスはインフレターゲット（＝物価上昇率の目標）を二％と設定し、マネタリーベース（＝円の供給量、厳密に言うと現金＋日銀当座預金）を今後二年間で二倍に、長期国債の保有額も二倍に拡大するとしています。

私は、デフレ（＝デフレーション）からの脱却と極端な円高是正に狙いを定めた最初の二つの矢は、的を射たものと考えています。とりわけ黒田東彦《はるひこ》日銀新総裁による「異次元の金融緩和」の効果は劇的なものがありました。ご承知のように株価は右肩上がりに急上昇し、円安が大幅に進んで、長期に及ぶ円高によって青息吐息となっていた日本の輸出関連企業が息を吹き返したのです。

しかしこれを安倍マジックだなどとことさらに祀り上げる必要はありません。もちろんその意義を過小評価してもいけませんが、本来もっと早く発動されなければならなかった経済学では当たり前の金融政策がようやく実行されたという、言ってしまえばそれだけのことなのです。

かつての小泉政権による好景気も、金融緩和政策がもたらしたものです。黒田総裁による異次元の金融緩和宣言があった二〇一三年四月のマネタリーベースの伸び率は、前年比二三％。一方、小泉政権二年目の二〇〇二年四月のマネタリーベースの伸び率はどうだったかというと、前年比三六％。小泉政権が極めて大きな金融緩和を遂行したことがわかると思います。

しかしこの小泉政権の政策は、構造改革という名の牙との両輪でした。アベノミクスが成長戦略という三本目の矢を持っていることと、瓜《うり》二つの構図なのです。成長戦略についてはこの後で触れますが、ここでは、異次元の金融緩和というものが魔法のような政策でも何でもないことを了解しておいてほしいと思います。

なぜ日銀は金融緩和をしてこなかったか

当初、金融緩和の効果を否定し、また大胆な金融緩和などを行えば円も国債も信任が揺らいで暴落してしまう、あるいはハイパーインフレ（＝急激なインフレーション）を招いてしまうなどと反対し阻止しようとしたエコノミストがたくさんいました。しかし現在そのような事態が起こる気配はまったくありません。彼らは根本から間違っていたか、あるいは別な意図を持って発言していたかのどちらかです。

そもそも資金供給を二年で二倍にするということは、世界的に見ても異常でも何でもないのです。二〇〇八年九月のリーマン・ショック後、アメリカは資金供給を三倍にしました。イギリスは五倍、ユーロ圏は二倍です。日本だけがそれをしてこなかっただけのことなのです。なぜしてこなかったのか——。

答えは簡単です。円の価値が下がることを日銀が嫌ったからです。

白川方明《まさあき》前総裁率いる日銀は、効果的に金融緩和を行っているとずっと言い続けてきました。しかしそれは見せかけにしかすぎず、日銀が資金供給を拡大してこなかったことは明らかで、二〇一二年度上半期決算で、日銀総資産は七年ぶりに過去最大になりました。最も包括的な資金供給量は、中央銀行の資産額で測られます。中央銀行は、国債などの資産を取得することでお金を支払うため、出したお金と買った資産の額は同額になるからです。その資産の額が七年ぶりに過去最大になったということは、日銀は七年間まったく資金供給を増やさなかったことになるのです。

日本の製造業が生きていける酸素濃度

出回る円の量が多くなれば円の価値は下がり、円安へ向かいます。しかし二〇一二年までは、先進各国が資金供給を大幅に拡大するなかで、円だけが供給されませんでした。円の供給がないから円の値段が上がる＝《イコール》円高になるという、経済学の教科書に書かれているとおりのことがずっと起こっていたのです。

リーマン・ショック前の二〇〇〇年から二〇〇八年まで、円の為替レートは一ドル一〇〇円〜一三〇円の間で推移していました。このあたりが妥当な為替水準と考えるべきで、日本が生きていけるいわば酸素濃度なのです。一ドル七〇円台になったら日本の製造業はほとんど呼吸できなくなります。

しかし前述したように日銀による円の供給がほとんどなされてこなかった結果、二〇一二年一一月に民主党野田佳彦総理が衆議院解散総選挙を決める前には、一ドル七九円という目を覆うばかりの為替レートとなってしまっていたのです。リーマン・ショック直前の為替レートが一ドル一一〇円ですから、何と三割もの円高です。あまりの円高で輸出ができなくなって、工場がどんどん海外に出ていってしまったのも無理はありません。

モノづくりを放棄した瞬間、国は没落していきます。いい気になって通貨高を放置しておくと大変なことになるのです。それは過去にイギリスが経験し、アメリカが経験した話です。円高を放置し続けていたら日本の製造業は死んでしまい、とめどもない恐慌に陥っていたことでしょう。その危機を回避したという意味では、アベノミクスの金融緩和は、ぎりぎりのタイミングで間に合ったかなと私は考えています。

実体経済は確実に良くなっているが……

円安とは外貨に対する円の価値が下がるということです。したがって物価は上昇します。つまり円安になればデフレ脱却が期待できるわけです。

モノの値段が高いインフレより、安いデフレのほうがいいと考える人がいますが、それは間違いです。モノが安くなるというのは、企業の売上が落ちるということですから、やがて給料も収入も減るのです。デフレが続くとしだいに個人消費は落ち、景気は縮小し、失業率は上昇します。これも経済学の教科書に書かれていることです。

日本が今日のデフレへと突入したのは、消費税率が三%から五%に引き上げられた自民党橋本政権時代の一九九七年からです。それからおよそ一五年に及ぶ、深刻なデフレが続きました。よくぞこれまで放置されてきたものです。

現在、アベノミクスの金融緩和によって実体経済は確実に良くなっています。景気の指標である景気動向指数も二〇一二年に急落した分を完全に取り戻して、上昇を続けています。ソニーも黒字転換し、パナソニックも営業利益が四倍になったのです。機械受注は大幅に増え、設備投資も上向き、住宅投資も盛り上がりを見せています。二〇一三年一〇月の生鮮品を除く消費者物価上昇率は、プラス〇・九%となりました。また、酒類及びエネルギーを除く消費者物価上昇率も、前年比プラス〇・三%と、プラス圏へ浮上しました。

統計で見るかぎり、一五年続いたデフレは、終結を迎えたと言ってよいでしょう。今後、よほど不測の事態が起きて足を引っ張らないかぎり、日本はデフレ脱却の道を進むはずです。

物価が上がれば失業率は下がる

物価上昇率と失業率には密接な関係があります。その相関関係を示すものに、フィリップスカーブというものがあります。これは平たく言えば「物価が上がれば失業率は下がる（＝物価が下がれば失業率は上がる）」という法則です。

アベノミクスではインフレターゲット二％を掲げています。達成できれば、失業率は大幅に下がるはずです。雇用は改善され、リストラのリスクは減り、若者も新卒で就職しやすくなります。給料もある程度上がるでしょう。日本企業が海外に移転する流れにも歯止めがかかります。つまりデフレ脱却は、働く現役世代にとっては好ましい状況をもたらすのです。

ただしデフレ脱却には痛みもあります。大きな点は年金の減額を伴うことです。詳しくは45ページの年金の項で述べますが、結論を言っておくと、年金は当面、少なくとも実質一割は減ることになるでしょう。そしてそれに加えて、私が一貫して反対している消費増税が追い討ちをかけるわけです。庶民の老後、年金生活は、確実に厳しさを増すものと覚悟しなければなりません。

さらに考えを深めるための森永MEMO①

▼株価の動きを見てみよう。黒田日銀新総裁が「異次元の金融緩和」を打ち出したのが二〇一三年四月四日。すぐにも株価は右肩上がりとなって五月二二日に日経平均株価（終値）一万五六二七円をつけたものの、六月六日には一万二九〇四円（終値）まで三〇〇〇円近くも下落した。この反落を見て、金融緩和に反対してきたエコノミストたちは、「それ見たことか」とアベノミクスを批判した。しかし、冷静に見ていけば、それはアベノミクス導入初期の混乱にすぎなかった。株価下落の原因は二つあった。

第一は、為替が再び円高に振れたことだ。もしもアベノミクスの金融緩和策が経済政策として間違っているのだとしたら、為替は一気に円安方向に暴落するはずなのだが、そうはならなかった。円高は、金融緩和がまだ不十分というシグナルだったのだ。

日本のマネタリーベースの前年比伸び率は、四月が二三％、五月は三二％と着実に拡大していたが、米国はリーマン・ショック後に資金供給を三倍に増やしている。だから為替をリーマン・ショック前の水準に戻そうとすれば、シンプルに考えれば、日本も資金供給をリーマン・ショック前の三倍に増やさなければならない。そこに向かうにしては、二〇％、三〇％の伸び率ではとうてい追いつかないと市場に判断されたのだ。実際、日銀は二〇一三年一〇月にマネタリーベースの伸び率を四六％まで高めた。その結果、為替は一ドル＝一〇〇円を超えて円安に向かい、株価も上昇基調に戻った。

▼市場が、日銀の金融緩和姿勢に懐疑的になったことは、長期国債の金利にも現れた。

日銀は「異次元の金融緩和」で大幅な国債購入を進めるとした。これによって

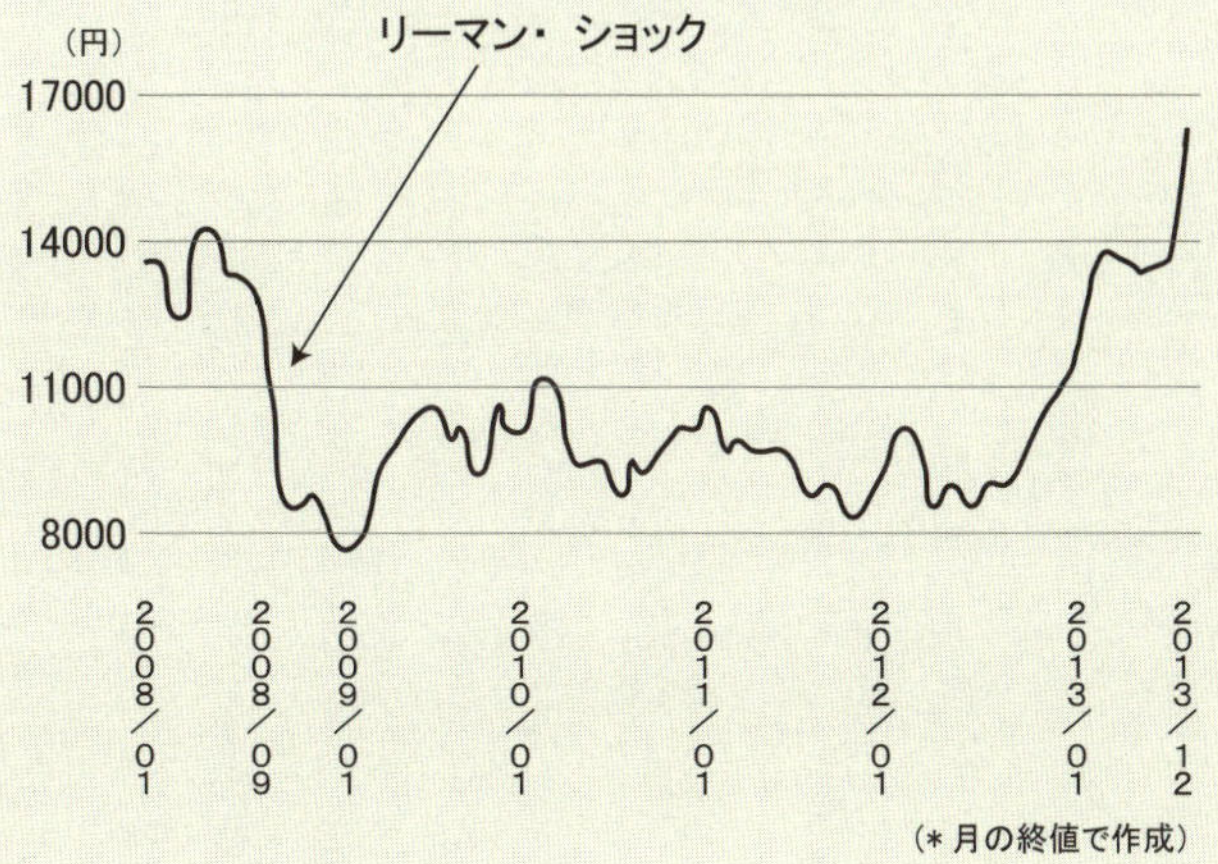

■ リーマン・ショック後の日経平均株価推移

国債市場の需給が逼迫し、債券価格は上昇、金利は下がることになる。その初速は目を見張るものがあり、長期国債の金利は、異次元緩和の直前が〇・五％、直後が〇・三％で、〇・二％も下落したのだ。狙いどおりの展開といってよい。

　ところがその後、長期国債金利は急上昇した。株価が急落した五月二三日には、一時一％を超えた。その理由は、後になってわかったことだが、大手銀行が保有する国債を大量に売ったことだった。デフレを脱却して、物価が上がってくれば、いずれそれに沿う形で金利が上がってくる。高い金利の国債が出回れば、過去に発行された金利の低い国債の値段が下がる。だから、値下がり前に売っておこうというのが大手銀行の判断だった。

本来であれば、日銀が機動的に動いて、そうした売り物を買ってしまえば、混乱は起きなかったのだが、日銀の腰が重かったために、金利が急騰してしまったのだ。ただ、その後大手銀行の国債売りが一巡すると、金利は元の水準に戻った。日銀が大量の資金供給を続けるかぎり、低金利はしばらく続くだろう。

▼金融緩和は円安と株価上昇をもたらしたが、実体経済は少しも良くなっていないではないかという指摘がある。しかしそれは、金融緩和の波及経路をよくわかっていない議論だ。

例えば融資の伸びだが、企業は三〇〇兆円にも及ぶ内部留保を持っている。将来インフレになると判断すると、企業はまずは自己資金で投資を拡大し、それが足りなくなったら次に銀行に融資を仰ぐという順序になる。したがって、銀行融資が本格的に回復するまでには一、二年のタイムラグがあることを理解しておく必要がある。

貿易収支の改善についても同様だ。円安なのに輸出が減るのは、計画されていた海外移転がすぐには止められないからだ。円安になったからといって、すぐに引き返すことはできないのだ。新たに工場を建設し、それを稼働させるまでには二年ほどはかかる。貿易収支がすぐに改善してこないのは、金融緩和に効果がないからではなく、効果が目に見えて現れるには時間がかかるということなのである。

成長戦略が日本の農業を滅ぼす

さて問題の三本目の矢、〝民間投資を喚起する成長戦略〟です。

具体策がしだいに明らかになってきています。

二〇一三年四月一九日に発表された第一弾は、「女性が輝く社会」「世界に勝てる若者」「健康長寿社会から創造される成長産業」といった、まずは批判されそうにない響きの良い施策内容を述べただけでしたが、五月一七日の第二弾では、その恐るべき本質がいよいよ現れてきました。

一〇年でつくり上げるという農業と農村の所得倍増

一例として、「農業・農村の所得倍増目標」を検証してみます。

この政策の骨子は、二〇二〇年までに農林水産物・食品の輸出額を現在の四五〇〇億円から一兆円へと拡大させ、農地を集積して生産性の向上を図り、一〇年で農業と農村の所得を倍増させるというものです。

もちろんTPP協定(=環太平洋パートナーシップ協定)参加もリンクしてくるのですが、それについては項をあらためるとして(71ページ)、はたして所得倍増などということが可能なのでしょうか。というよりもこの問いかけはむしろ、所得倍増を可能ならしめるためにいったいどのようなことが推し進められ、何が犠牲にされるのか、としたほうが正しいかもしれません。

農地の集積と生産性向上。その先に見えるのは――

安倍総理は成長戦略第三弾スピーチに於いて、「細切れの農地を集約して競争力を高める、いわゆる農地集積バンクへの取り組みをさらに強化します」と話しました。

農地集積バンクとは、耕作放棄地や農業をやめたい農家の農地を集約し、大規模な耕作地にしてから貸し付ける仕組みです。

平地が少ない日本の国土と農村の姿を考えてみてください。どれだけ農地を集約して規模を大きくしても、そこにアメリカやカナダ、オーストラリアなどのような大規模農業を想像することは不可能です。

では成長戦略がいう日本に於ける農地の集積と生産性の向上とは、何を意味しているのでしょうか。

見捨てられる農家

多くの人が、農地を集積して生産性を高めるといえば、コメを思い浮かべるでしょう。実際、産業競争力会議の農業分科会は、二〇一三年一〇月二四日に、減反政策や戸別所得補償制度の廃止を提言しました。政府もこれに呼応する形で、減反政策や小規模農家への補助金廃止に向かって動き始めています。日本人の主食であるコメを守ることを最優先してきた農政の大転換なのですが、政府は農家を見捨てるとは言っていません。これまでの守りの農業から攻めの農業に転換すると言っているのです。

■ 成長戦略の発表

◉平成２５年	４月１９日	第一弾を発表
◉	５月１７日	第二弾を発表
◉	６月　５日	第三弾を発表。安倍総理は「女性の活躍、世界で勝つ、民間活力の爆発。これで私の成長戦略の３本柱がそろいます」と語った
◉	６月１４日	新たな成長戦略「日本再興戦略－JAPAN is BACK －」を閣議決定

これまで手厚い保護のもとにあった日本のコメ作りを市場競争にさらすことによって、農地が大規模農家に集約化され、生産性の高いコメ作りが行われるようになり、日本の安全でおいしいコメが国際競争に打ち勝っていくというのが、政府が描くバラ色の未来です。

ただ、残念ながら、そんなことは起きません。まず、農地の集約化など、そう簡単に進まないのです。

二〇一〇年の「農業センサス」によると、兼業農家の割合は七二・三%と、四分の三を占めています。しかも、農業収入よりも農業以外からの収入が多い第２種兼業農家が、全体の五八・五%を占めているのです。彼らは、ビジネスとして農業をやっているわけではありません。人件費まで含めたら、補助金をもらっている現在でも大赤字です。それでは、なぜ彼らが農業を続けているのかといえば、親から受け継いだ農地を守らなければならないと考えているからですし、同時に農業そのものに喜びを感じているからなのです。

もちろん、兼業農家に経済原理がまったく働かないわけではないので、減反廃止でコメの値段が下がったり、所得補償が減ったりすれば、野菜などへの転作が進むはずだという見方もあります。ただ、それも間違っているのです。第2種兼業農家は、普段はサラリーマンをしながら、週末と有給休暇を活用した農業をしています。そのライフスタイルで作れる農作物は、コメだけなのです。野菜などは常時手をかけることが必要ですし、例えばイチゴのハウス栽培に至っては、厳密な温度管理をしないとイチゴがだめになってしまうため、買い物に出ることさえ難しいと言います。そもそもサラリーマンの仕事と両立できる仕事ではないのです。

仮に長い時間をかけて農地の集約化が成功したとしても、日本のコメ作りが、国際競争のなかで生き残ることはありません。現在、一五ヘクタールという大規模農地で生産している国内コメ農家の生産コストは、一キロ当たり二〇〇円程度です。一方、コメ輸出をしている外国のコストは、わずか五〇円です。これでコスト競争に勝つことが不可能なことは、だれの目にも明らかでしょう。大規模農家こそ、自由化の影響で、生産を続けられなくなってしまうのです。

それでは、減反や補償金の廃止で何が起きるのかといえば、ただ単に農家がますます貧乏になり、若者がだれも農業に就かなくなるということです。同じことは、タクシー業界で、すでに起きています。二〇〇二年からタクシーの需給調整が廃止されて、タクシー会社は自由に増車ができるようになりました。その結果、二〇〇一年に二九九万円だったタクシー運転手の平均年収が、二〇一〇年には二四五万円まで下がったのです。

農家が所得倍増となるのではないということ

それでは、政府はいったいだれの所得を増やそうとしているのでしょうか。そこに立ち現れてくるのは、最先端の技術を駆使して、日照から養分、温度、二酸化炭素濃度に至るまで、徹底的に管理コントロールする巨大なハウス、農業工場の姿です。

あり得ない光景でも絵空事でも決してないのです。

現在でも鮮度が要求される野菜や果物は、国内農家が十分な国際競争力を持っています。そこに工場生産の野菜を投入するのです。天候に左右されない農業ビジネスは、安定的かつ劇的に生産を拡大することができます。もしかすると、輸出をしていくことも可能になるかもしれません。しかし新たなその農業を担うのはもはや現在の農家ではありません。大きな資本を持つ企業です。多くの中小の農家の人たちは農業工場の労働者となって働くようになるのかもしれません。それでいいのでしょうか。私にはそれが日本の農業の幸福な未来だとはとても思えないのです。

日本の農業は、森や林、里山、川や海との、連携と循環と調和を心がけながら、長い長い年月をかけ、文字どおり大地をなでるようにして磨かれてきた文化です。家族主体の規模なればこそ、野菜や果物一つひとつに丹精を込めます。

一所懸命に、そして楽しく農業をやっている友人がいるのですが、つやつやと実った野菜からは豊かな大地の味がします。水耕栽培の野菜の味とはもちろんまるで違います。たとえて言えば、地鶏とブロイラーの違いのようなものでしょうか。私はそれを食べるのをこのうえない幸福と感じています。

■ 成長戦略第二弾に於ける〈攻めの農林水産業〉

【農林水産業・地域の活力向上に向けて】
今後10年間で６次産業化（※）を進める中で、農業・農村全体の所得の倍増を目指す

（※）農林水産業の６次産業化とは：自然エネルギーや農林水産物など、農林漁業者が生産（１次産業）と加工・販売（２次・３次産業）を一体的に行ったり、地域資源を活用した新たな産業の創出を促進したりすることにより、儲かる農林水産業を実現し、雇用確保と所得向上を目指すこと。

【輸出倍増戦略】
農林水産物・食品の輸出額を2020年までに１兆円へ拡大

主な政策の内容：①世界の料理界で日本の食材の活用推進 （Made FROM Japan）、②日本の「食文化・食産業」の海外展開（Made BY Japan）、③日本の農林水産物・食品の輸出 （Made IN Japan）、の取組を一体的に推進し、農林水産物・食品の輸出額を2020年までに１兆円規模への拡大を目指す。

【農林水産業の６次産業化】
現在１兆円の「６次産業化」市場を、10年間で10兆円に拡大

主な政策の内容：新たに設立された株式会社農林漁業成長産業化支援機構を中心とした農林漁業成長産業化ファンドを本格展開し、６次産業化に取り組む事業者に対し、資本の提供と経営支援を一体的に行う。

【農地の集積・集約化】
農地を集積し生産性の向上を図るため、農地の中間的な受け皿機関を整備・活用

主な政策の内容：県農地中間管理機構（仮称）（いわば、「農地集積バンク」）を整備・活用し、地域内の分散・錯綜した農地利用を管理し、担い手ごとに集約化する必要がある場合や受け手が見つからない農地がある場合に、借り受けられるようにする。「農地集積バンク」は、必要がある場合には、基盤整備などを自らの負担で行い、担い手がまとまりのある形で農地を利用できるように配慮して貸付けを行う。

（首相官邸ホームページより引用）

環境にやさしく世界一安全でおいしいと評価される日本の農作物は、手間暇を惜しまないという文化のなかから生まれてくるのです。そして私たちは、本当の野菜の味を子どもたちに継承していく義務があります。

アベノミクスの成長戦略は日本の農家を豊かになどしません。政策が掲げているのはあくまでも「農業・農村の所得倍増」であって、農家の所得倍増ではないのです。それを見誤ってはいけません。

大資本を導入し、効率と大量生産の農業ビジネスへの転換をもくろむ成長戦略は、少しでもいいものを、おいしいものを、消費者に喜んでもらえるものを作りたいという、日本の農業の心を壊していくことでしょう。

さらにTPP参加ともなれば、遺伝子組み換え作物やポストハーベスト（＝収穫後の農薬）撒布など、これまで慎重に歯止めがかけられてきた危険が、規制緩和や生産性向上の名の下に、どんどん流入してくるでしょう。そしてそれらを食べるのは、これから低所得、貧困へと追い込まれていく庶民です。権力者や金持ちの食卓には、そうした農作物が上ることはありません。彼らと彼らの家族は、高くても安全な有機野菜を食べる。格差と弱肉強食の図式がここにも展開されることになるのです。

特定の企業が独占を享受する社会

アベノミクスの成長戦略では「企業実証特例制度の創設」なるものも発表されました。

私は思わず耳を疑いました。成長に資するためには個別企業ごとに特例で規制緩和を認可しますというものですが、要するに、特定の企業に〝独り占め〟を許可するお墨付きを与えるということなのです。

独占による利益がいかに大きなものであるかは、共に一九八五年四月に民営化された日本専売公社（＝現在の日本たばこ産業株式会社／ＪＴ）と日本電信電話公社（＝現在の日本電信電話株式会社／ＮＴＴ）の歩みをたどってみるとよくわかります。

民営化された当時、禁煙化という逆風と向き合わなければならないＪＴと、情報通信産業として前途洋々の道が開けているＮＴＴとでは、だれもがＮＴＴの未来に軍配を上げたのです。ＮＴＴの株に三一八万円というものすごい高値がついたことを覚えている人も多いでしょう。

ところが現在、ＪＴの時価総額はＮＴＴを四五〇〇億円も上回っています。競争相手が次々と出てきて価格競争にしのぎを削らなければならなくなったＮＴＴに対し、ＪＴは今もなお国内独占を許されているからです。経済学の教科書には「完全競争の下では利益はゼロになる」とありますが、言い換えれば「ゼロ競争の下では利益は独り占めできる」ということです。独占とは、それほどにものすごい利権なのです。

アメとムチの三本の矢

したがってこの企業実証特例制度なるものの肝心要《かなめ》は、規制緩和を特別に認められる企業というものが、本当にオープンでフェアな競争を経て、公明正大に選ばれるかどうかというところにあるのですが、はたしてどうでしょうか。そこでは癒着や既得権益が物を言い、結局は政府の覚えめでたい会社が選ばれることは火を見るよりも明らかです。アベノミクスが進める規制緩和とは、その看板を裏返せば、独占、利権といった文字が書かれているものなのです。

こうして一つひとつ検証していくと、成長戦略が何を狙っているのかが浮き彫りになってきます。〝競争を激しくして経済のパイそのものは大きくするが、成長の果実は一部企業なり人なりが独占するシステムを構築する〟――これこそが、アベノミクスがうたう成長戦略の本質であり、目指すゴールです。成長の果実は経済強者たちだけのもので、庶民が手にすることはありません。アベノミクスの一本目と二本目の矢はアメで、三本目の矢はムチなのだと、私たちは理解すべきでしょう。

小泉構造改革とアベノミクスの成長戦略

予見はしていたものの、第二弾、第三弾と成長戦略が発表されていくにつれ、はっきりと確信できました。

それは、成長戦略とは〝聖域なき構造改革〟を旗印に掲げた小泉政権時代の弱肉強食政策が、装いを新たに再登場したものに他ならないということです。もしかするとそれ以上に深刻なものをはらんでいるかもしれません。

前述したように大幅な金融緩和で一気に景気を動かした小泉政権のときも、経済のパイは大きくなりました。しかし引き続いて推進されたのが、聖域なき構造改革でした。その結果起こったことは何か。

端的な例を挙げましょう。例えば小泉政権の五年間で、上場企業の内部留保は一・五倍に膨れ上がり、上場企業の役員報酬は二倍になりました。また上場企業が支払う配当金は三倍になり、汗水たらして働くことなく配当金だけで暮らしている悠々自適の資産家たちは所得を三倍に増やしました。製造業への派遣労働解禁など、格差を助長するさまざまな規制緩和あればこその、成長の果実でした。

一方、中小企業の役員報酬は減っていき、サラリーマンの給与と賞与の総合計、総人件費も下がっていきました。経済のパイは、中小企業やサラリーマンには分け与えられることはなかったのです。

■ **成長戦略第三弾の骨子**

◉ 規制改革こそ成長戦略の「一丁目一番地」
◉ 成長戦略第三弾のキーワードは「民間活力の爆発」
◉ 消費者の安全性を確保しつつ、しっかりしたルールの下で全ての一般用医薬品（市販薬）のインターネット販売を解禁
◉「国家戦略特区」を創設
◉ 電力関係投資を今後10年間で30兆円規模に拡大
◉ 農林水産物・食品の輸出を現在の約4500億円を2020年に1兆円に拡大
◉ 世界大学ランキングを今後10年間で100位以内に10校以上
◉ 官民パートナーシップ（ＰＰＰ）、ＰＦＩの両事業を推進し、今後10年間で12兆円規模に
◉ １人当たり国民総所得（ＧＮＩ）を10年後に150万円増加

（自民党ホームページより抜粋して引用）

こういうことを言うとまたいろいろと叩《たた》かれそうですが、恐れずに言えば、小泉構造改革が目指したのは、庶民は貧困になってもいいから収入は抑え込み、とんでもない大儲けをしている人たちはさらに儲けることができるというシステムをつくることだったということです。アベノミクスの成長戦略も同じです。格差社会という言葉が深刻な問題として取りざたされるようになるのは、小泉政権のときからです。それを思い起こせば納得がいくはずです。

二〇一三年七月の参院選で衆参のねじれを解消した安倍政権は、だれはばかることなく成長戦略を練り上げていくことでしょう。小

泉構造改革以上に力を増し、巧妙な仕組みを持った弱肉強食政策が始動します。「成長戦略の推進が重要。アベノミクスの成否は三本目の矢にかかっている」などと発言するエコノミストは、体制側にすり寄った代弁者に他なりません。

格差社会が抜き差しならない超格差社会となり、庶民は貧困の峠道をひたすら登ることを強いられる時代がやってくる――そういうことになりそうです。

さらに考えを深めるための 森永MEMO②

▼アベノミクスの成長戦略には「戦略特区」というものがある。話題になっている公共交通機関の二四時間運行もその一環だが、この政策の中身は、東京と名古屋と大阪を中心に特区を設け、そのエリア内では法人税を引き下げるなどの税制優遇や規制緩和を重点的に行うとするものだ。

この政策は、自民党が従来の姿勢を大きく方向転換し、地方を見限り、大都市へと軸足を移したことを物語っている。大都市だけ法人税を優遇するなどという不公平がまかり通れば、経済はさらに大都市圏に集中し、疲弊しきっている地方経済は成り立たなくなる。

大都市の法人税を下げる財政的な余裕があるなら、消費増税の実施を先送りにするべきだろう。そのほうがよほど経済効果がある。この特区によって潤うのはだれなのか、いったいだれのための特区なのか。

またバスや地下鉄が二四時間運行されるようになったらどうなるか。タクシー業界は大幅な収入ダウンを免れず、存続の危機に直面する。サラリーマンも働き方が激変することは間違いない。終電というものがなくなるわけだから、労働時間に歯止めがかからず、無制限なサービス残業が蔓延することになる。便利でいいなどとは言っていられなくなるのだ。

▼解雇規制の緩和が強く打ち出されている。労働市場の流動化を促し、経営側が従業員を解雇しやすい環境を整備していこうとするものだ。

地方や農村は空洞化が進み、都会では労働者が残業に耐え、リストラにおびえながら働く、そんな社会が到来する。そのようなことにはならないと楽観している人は、アメリカや中国を見るといい。現にそうなっているのだ。

例えば財界が要求している解雇制度に、「事後型の金銭解決制度」なるものがある。これは、裁判所が不当解雇だとして職場復帰を命じても、経営側が解決金を払えば解雇は有効となるというものだ。要は、手切れ金さえ渡せば自由にクビにできるという制度なのだ。

しかもこの制度の深刻なところは、そもそもの原案が〝事後〟ではなく、再就職支援金を支払えば自由に解雇できる〝事前〟の金融解決制度を目指していたことにある。本音がわかるだろう。批判が強いため参院選への悪影響を考え、事前はもちろん事後も当面の成長戦略に盛り込まれることはなかったが、安倍総理が議長を務める産業競争力会議は制度導入に向けての検討継続をやめてはいない。

▼二〇一三年五月二八日、政府は成長戦略の工程表をまとめた。そこには労働市場を弱肉強食化させるための道筋が幾つも示されている。

例えば、現在の労働者派遣法では、専門二六業務を除き、派遣労働者の受け入れ期間を最長三年としているが、この規制を撤廃しようと考えているのだ。改定されれば、派遣労働者は、正社員となる可能性は閉ざされ、ずっと派遣の立場であることを受け入れざるを得なくなるだろう。

また、労働者移動支援助成金の額を、雇用調整助成金の額を上回るようにするというものもある。

雇用調整助成金とは、不況時に企業が安易に従業員をリストラしないよう、雇用維持のために使われてきたものだ。ところが今後は、労働者が移動する、つまりリストラされることをバックアップします、リストラされても転職は支援しますよというわけだ。

しかし、再就職というものがどれほど厳しいものであるかは、天下り先を巧妙に確保している官僚とは違い、庶民は骨身に染みてわかっている。給与も大幅に下がる。中高年ならばなおさらだ。成長戦略が、一部の人に富を集中させ、貧困層を広げる装置であることが、このこと一つとってもよくわかる。

▼外国人労働者の受け入れ拡大も、工程表に盛り込まれている。専門技術を持つ優秀な外国人は、永住権の取得を、従来の五年から三年でできるようにするという。是非論はさまざまあるだろうが、はっきりしているのは、日本人サラリーマンは、国内にあってもグローバル競争にさらされるようになるということだ。

▼限定正社員という言葉をご存じだろうか。勤務地や職務を限定して働く正社員のことで、すでに流通業を中心に導入されている。「ジョブ型正社員」なる新語で言われることもある。政府の規制改革会議は、この限定正社員を通常の正社員よりも解雇しやすくする方針で検討を進めているようだ。

答申が受け入れられれば、新卒や中途も、将来が不安定な限定正社員として採用されることが横行するだろうし、正社員も限定正社員にされ、リストラの恐れが強まるのだ。

2 年金はもはや老後の支えではないのか

年金制度の将来を見据える

安倍総理が経済政策の本丸と位置づける成長戦略は、終わりなき規制緩和の名の下、未曾有の利権社会、既得権社会をつくり上げようとしています。

あえて何度でも繰り返しますが、それは弱肉強食を是とし、勝ち組負け組なる言葉がまたもや躍る超格差社会、超貧困社会です。「超」と冠を付けるのは、成長戦略に加えて年金制度改革、消費増税、ＴＰＰ参加といった大変な問題も一緒になって、庶民の暮らしに降りかかってくるからです。

まずは年金です。制度改革、さらなる軌道修正は必至と認識しておかなければなりません。年金というものとどう向き合っていったらいいのか、考えてみたいと思います。

積立方式から賦課方式となった年金

年金とは、何十年もコツコツためてきたものを老後に受け取る、つまり積立だと思ってきた人はたくさんいるはずです。それは当然です。年金は積立方式ですよ、あなたが納めた保険料は将来あなたに返ってきますよ、だからちゃんと納めてくださいよと、政府は確かに言ってきたのですから。

二〇〇四年六月、小泉総理率いる自公政権は「年金改革法」を成立させました。いわゆる〝年金一〇〇年安心プラン〟です。このときに、積立方式から、年金給付はその時点の現役世代の保険料でまかなうという賦課方式へと切り替わったのです。

これで日本の年金制度は倒れる心配がなくなりました。その時点である分しか年金を払わないという方式にしたのですから、年金制度がひっくり返るはずがない。その代わりにひっくり返ることになったのが、我々の老後ということです。

賦課方式を実現していくには、高齢化の進展に合わせて、年金の給付水準をどんどん引き下げていく必要があります。現実にはほとんど下がっていないではないかと言われるかもしれませんが、それは下げていないからです。ここでデフレが関わってきます。

実は年金は、物価が上がればその分上積みされ、物価が下がったらその分カットされる仕組みになっています。これを物価スライドといいます。しかし長引くデフレにあって、物価スライドは完全には実施されてきませんでした。したがって年金の給付の水準は、本来の設計水準よりも二・五％近くも高くなってしまったのです。この二・五％を解消する方法は、すでに決まっています。二〇一三年一〇月から一％カットされ、そして二〇一四年四月から一％、さらに二〇一五年四月から〇・五％、年金給付をカットするというものです。

そしてもう一つ、二〇〇四年の改正で、マクロ経済スライドなるものが導入されました。これは、平均余命の伸びと年金の支え手の減少を年金額に反映させるため、簡単に言えば、給付水準を毎年〇・九％ずつ下げることで調整していこうというものです。しかしこのマクロ経済スライドもまた一度も発動されることなく、九年間放置されてきたのです。

このため結果的に、物価スライドの未実施分二・五％、マクロ経済スライド未実施分八・一％を合計した一〇・六％、ほぼ一〇％高い年金が支給されてきたわけです。したがって20ページでもふれたように、日本経済がデフレを脱却してインフレへと転換すれば、その分の削減が始まり、年金は実質一割減ることになります。これがデフレ脱却に伴う痛みです。

年金の受給額は三分の二になる

では給付水準はいったいどこまで下がってしまうのか――。

実は厚生労働省が年金の世代別年齢別のシミュレーションを行っていて、最終的には今のほぼ三分の二になるというのがその答えです。

年金給付が現役世代の手取り収入の何％になるかを示す数値を所得代替率と呼びますが、厚生年金の場合は現在六〇％強、それが最終的に四〇％まで落ちてしまうのです。三分の二になるというのはそういうことです。政府、厚生労働省はこれまで、所得代替率は

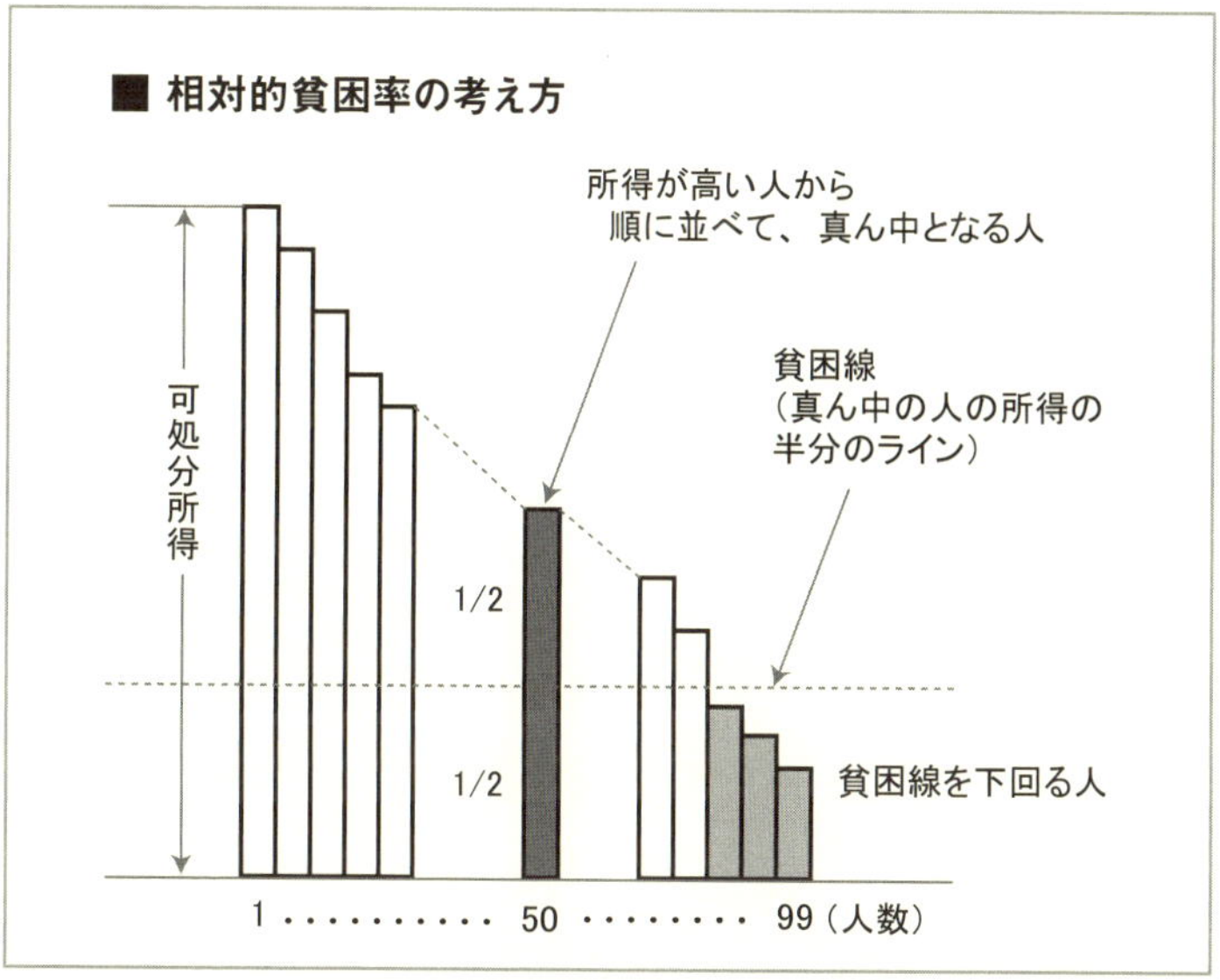

五〇％以上は守ります、厚生年金の保険料をきちんと払えば貧困にはしませんと約束してきました。それが反故《ほご》にされ、年金を楽しみに働いてきた庶民は、貧困の危機に直面させられるのです。

高い相対的貧困率が示す日本の格差社会

ＯＥＣＤ（経済協力開発機構）では貧しさを計る指標として、相対的貧困率（上の図を参照）というものを公表しています。

例えば九九人の社会があるとします。その人たちを可処分所得（＝年収から税金などを引いた手取りの収入）の額で順番に並べ、中央値である五〇番目の人の額を採り、その額の半分に満たない人が九九人のうちのどれぐらいいるかという割合を出します。これが相対的貧困率です。そして、真ん中の人の可処分所得額の半分以下ではとても生活が苦しいはずなので、それを貧困と呼びましょうということにしているのです。

では、日本の相対的貧困率はどれぐらいかというと、ＯＥＣＤ加盟国のおよそ三〇か国のなかで、四番目に高い水準なんです。日本は先進国のなかでも裕福だと信じている人が多いようですが、これが日本の現実です。

年金を新たなライフプランのなかで考える

支給開始年齢が、六八歳、七〇歳に引き上げられるという話が取りざたされているのも、私たちには大きな不安です。

二〇一三年八月六日に取りまとめられた社会保障制度改革国民会議の報告書では、支給開始年齢の引き上げを「中長期的な課題とする」という表現にとどめ、結論を先送りしました。しかし引き上げることをあきらめたというわけではないということを、忘れず肝に銘じておく必要があります。

それにしても現在、特別支給の老齢厚生年金の支給開始年齢の引き上げが段階的に進行中なのです。厚生年金の場合、男性は二〇二五年度から、女性は二〇三〇年度から、全員六五歳からの支給となります。そんななかで、なぜさらなる支給開始年齢の引き上げをしようとしているのでしょうか。

進まなかった年金給付の削減

年金財政の破綻を防ぐためというのが、その理由です。厚生労働省は綿密なシミュレーションに基づいて、年金制度は六五歳支給開始にすれば大丈夫としてきたのに、またしてもダメになったわけです。いったい一〇〇年安心プランとは何だったのでしょう。

社会保障制度改革国民会議で検討された詳細な内容は明かにされていないので、断言できませんが、私は、このような事態に陥ったいちばんの原因は、マクロ経済スライドを一度も発動せずにきてしまったことにあるのではないかと考えています。要するに、年金給付の削減が進まなかったのです。

前述したように、現在の年金額は一割も割高なのです。それを是正することなく払い続けていれば、年金制度がおかしくなるのは当たり前のことです。今すぐ本来そうあるべき水準に引き下げなければならないのですが、政治的にできにくい。ならば支給開始年齢を引き上げることで年金財源を圧縮すればいいじゃないかという話になるわけです。何とも理不尽な話です。

繰上げ受給を真剣に検討してみる

年金支給開始の年齢が引き上げられて苦しむのは、四〇歳以下の世代も同じです。

彼らはただでさえ将来受け取る年金より負担する保険料のほうが多いのです。さらなる

■ 年金の繰上げ受給の減額率

※減額率＝ 0.5%×繰上げ請求月から 65 歳になる月の前月までの月数

繰上げ減額率早見表

請求時の年齢	0か月	1か月	2か月	3か月	4か月	5か月	6か月	7か月	8か月	9か月	10か月	11か月
60歳	30.0	29.5	29.0	28.5	28.0	27.5	27.0	26.5	26.0	25.5	25.0	24.5
61歳	24.0	23.5	23.0	22.5	22.0	21.5	21.0	20.5	20.0	19.5	19.0	18.5
62歳	18.0	17.5	17.0	16.5	16.0	15.5	15.0	14.5	14.0	13.5	13.0	12.5
63歳	12.0	11.5	11.0	10.5	10.0	9.5	9.0	8.5	8.0	7.5	7.0	6.5
64歳	6.0	5.5	5.0	4.5	4.0	3.5	3.0	2.5	2.0	1.5	1.0	0.5

「繰上げ受給」に際しての主な留意点

- 1 か月繰上げするごとに 0.5%減額される
- 一度繰上げ受給をしたら取り消しはできない

■ 日本の人口構成

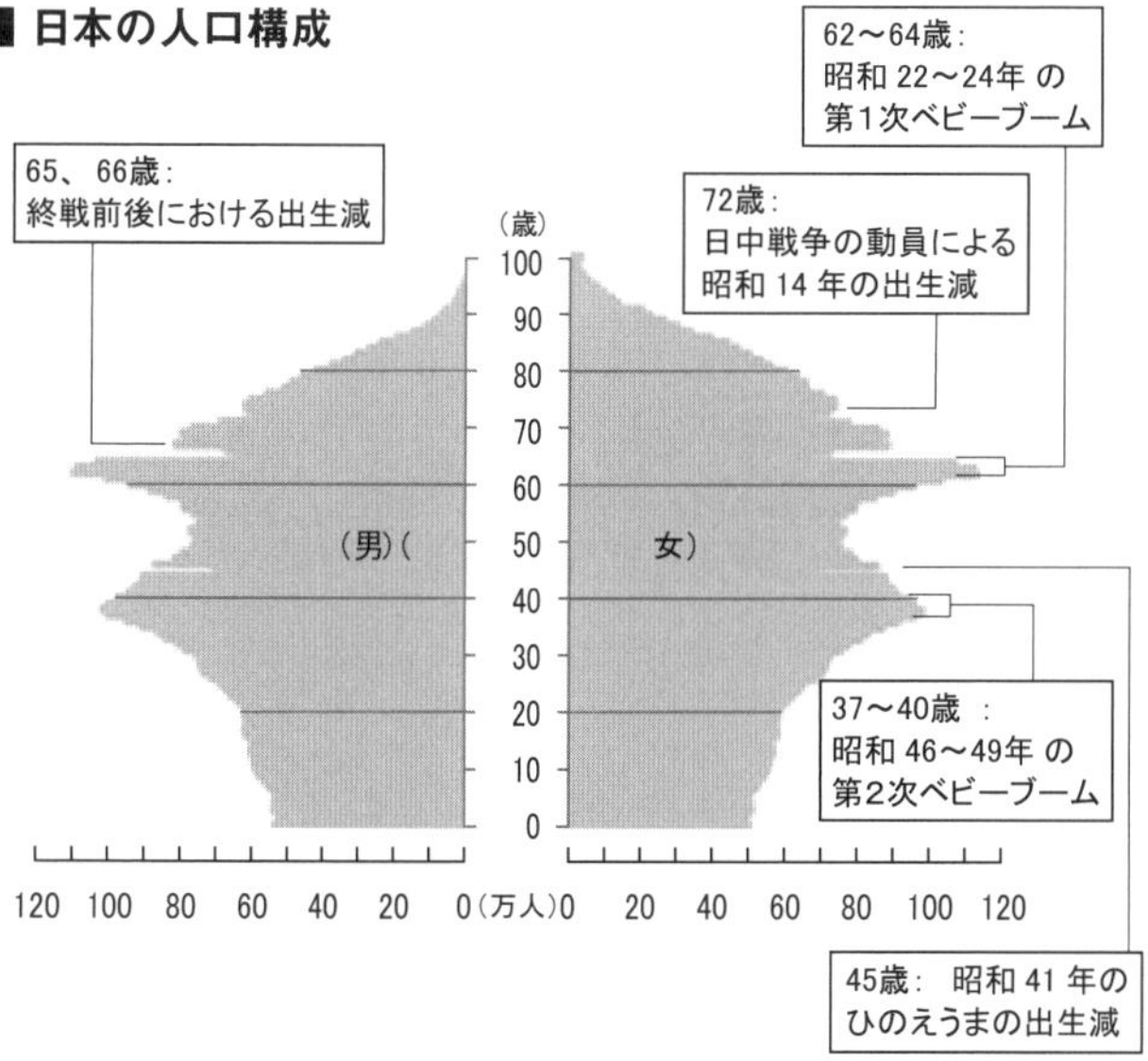

（総務省統計局ホームページ「我が国の人口ピラミッド〈平成 23 年 10月 1 日現在〉」より）

負担を押しつけることは著しく公平性を欠きます。

それに、支給開始が例えば七〇歳などになったら、国民全員が七〇歳まで元気で働かなければならなくなるわけです。そんなことが現実的に可能だと思えますか。

私が機会あるごとに六〇歳からの受給を勧めるのは、充実した老後というものを見据えたとき、繰上げ受給という方法だけが今庶民にできる唯一の防衛策だからです。

受給を開始してしまえばその後に支給年齢引き上げが決まっても影響は受けず、あっても少なくて済むでしょう。支給を停止されることもあり得ません。もちろん満額支給の年齢を待たずに繰上げすれば減額というデメリットはあります（53ページ図参照）。

しかしもう支給開始がいつになるかなどと煩わされずに済むし、受給額が確定することでどれだけ生活費を削ればよいか、方針と覚悟も決まります。そして老後をひと足早く楽しむぐらいの心持ちで、六〇歳からのライフプランを構築し実践するのです。そのほうがどれだけ豊かなことかと、私は考えるのです。

■ 平均寿命と健康寿命

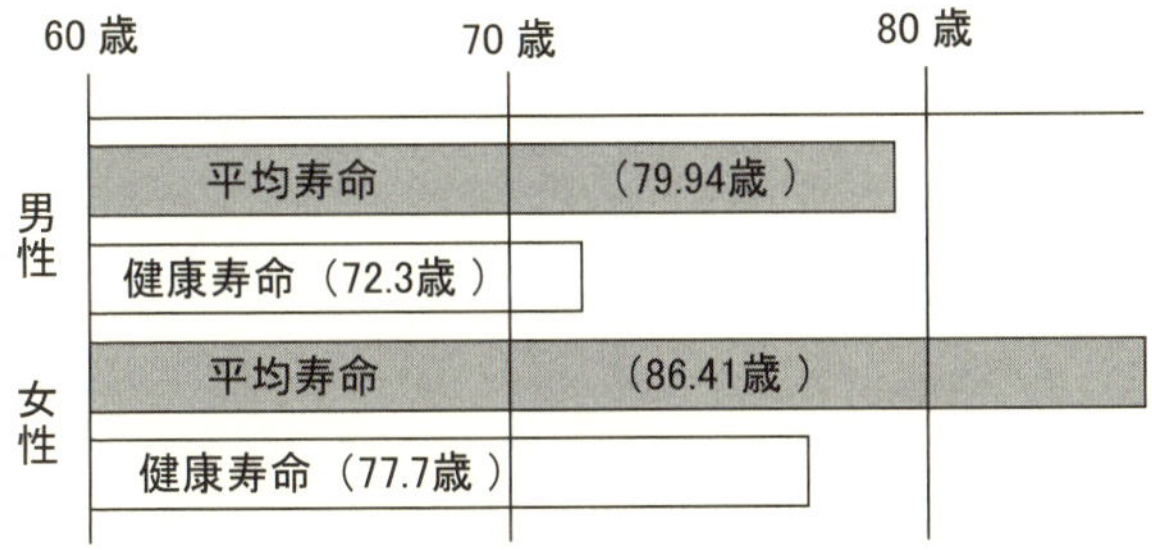

＊平均寿命は「平成24年簡易生命表」、健康寿命は、WHOの保健レポート（2004年）に基づく

【ことばメモ】平均寿命と平均余命：平均してあと何年生きられるかというのが平均余命。「50歳の人の平均余命は31年」というふうに使われる。つまり、0歳の人の平均余命＝平均寿命ということになる。

健康寿命から受給開始を考える

WHO（＝世界保健機関）による指標に健康寿命というものがあります。日常的に介護を必要としないで自立した生活ができる生存期間のことで、平均寿命から介護される期間を引いた年数になります。

二〇〇四年に公表されたWHOの保健レポートを見ると、日本人の健康寿命は男性が七二・三歳、女性が七七・七歳、男女平均で七五・〇歳です。六〇歳を起点にすると、男性なら一二年、女性なら一七年――これが、介護を受けることなく健康で動ける年数ということになります。この数字にはとても重みがあります。七〇歳支給開始などという意見がいかに国民を軽んじているものであるかがよくわかります。

仕事をリタイアしたらチャレンジしたいと思っていることや、夫婦で話してきた老後の夢もあるはずです。超貧困時代の到来も見据え、いつから年金をもらうか、減額されてもいいから早めにもらうか、真剣に考えるべき時代がきたのだと思います。

さらに考えを深めるための 森永MEMO ③

▼GPIF（＝年金積立金管理運用独立行政法人）によって運用されている公的年金の積立金が二〇一二年度末で一二〇兆円台を回復、最大だった三年前の一二三兆円に迫るものとなったことが明らかとなった。

アベノミクスの金融政策で、株価と、円安により外貨資産の価額（円建て）が上昇したことがその要因だが、ともかくこれで将来の年金財源が増えたわけだ。しかしながらこの結果に、リーマン・ショックで年金積立金の運用が九兆三四八一億円もの損失を出した際に、年金積立金の自主運用を厳しく批判したエコノミストたちは口を閉ざしている。

ギャンブルでも損をする人というのは、決まって、儲かっているときに止めることができない人だ。さらに欲をかくから元も子もなくすのだ。GPIFは二〇一二年度に、一一兆二二二億円の収益を計上した。二〇〇一年度からの累積で見ると二五兆二二〇九億円の収益である。勝ち抜けするならまさに今で、ならば自主運用反対派のエコノミストたちは、早く運用を停止しなさいと声を上げるべきなのだが、黙したままなのである。

私はリーマン・ショックのとき、損を確定してしまうことになると考え、自主運用の廃止に反対した。では現段階ではどうか――。やはり止めるべきではないと思う。デフレ脱却が進み、さらなる株価上昇が見込まれると考えられるからだ。もちろん私のその見通しが外れないという保証はない。だから、回復した今こそ、年金積立金の運用をどうするか議論をすべきなのだ。

▼ＡＩＪ投資顧問による年金資産消失事件が引き金となって、厚生年金基金

の廃止論がにわかに現実化した。ちなみに、ＡＩＪ事件によって生じた損失を政府は補填《ほてん》しない方針をとっている。

厚生年金基金とは企業年金の一種で、厚生年金の一部も国に代わって運用している。それを「代行部分」と呼ぶが、この部分の積立金不足額が一兆一一〇〇億円にもなっていたことが、廃止論の大きな理由だ。結局、二〇一三年六月に成立した「厚生年金保険法等の一部を改正する法律」では、存続に含みは持たせたものの、およそ九割の厚生年金基金が廃止となる見通しとなった。しかしはたしてその結論でよいのか。庶民の老後の生活設計を大きく揺るがす問題であるのに、結論を急ぎすぎてはいないだろうか。

そもそも厚生年金基金が行き詰まったのは、長引くデフレで株価が下がり続けていたことにある。したがって、厚生年金基金を救済するには、デフレ脱却を進め、株価を上昇させる政策がいちばんに求められる。それをずっとせずにきて、厚生年金基金を廃止するというのでは、政府は加入企業と従業員を軽んじていると批判されても仕方ないだろう。

■ 公的年金の仕組み

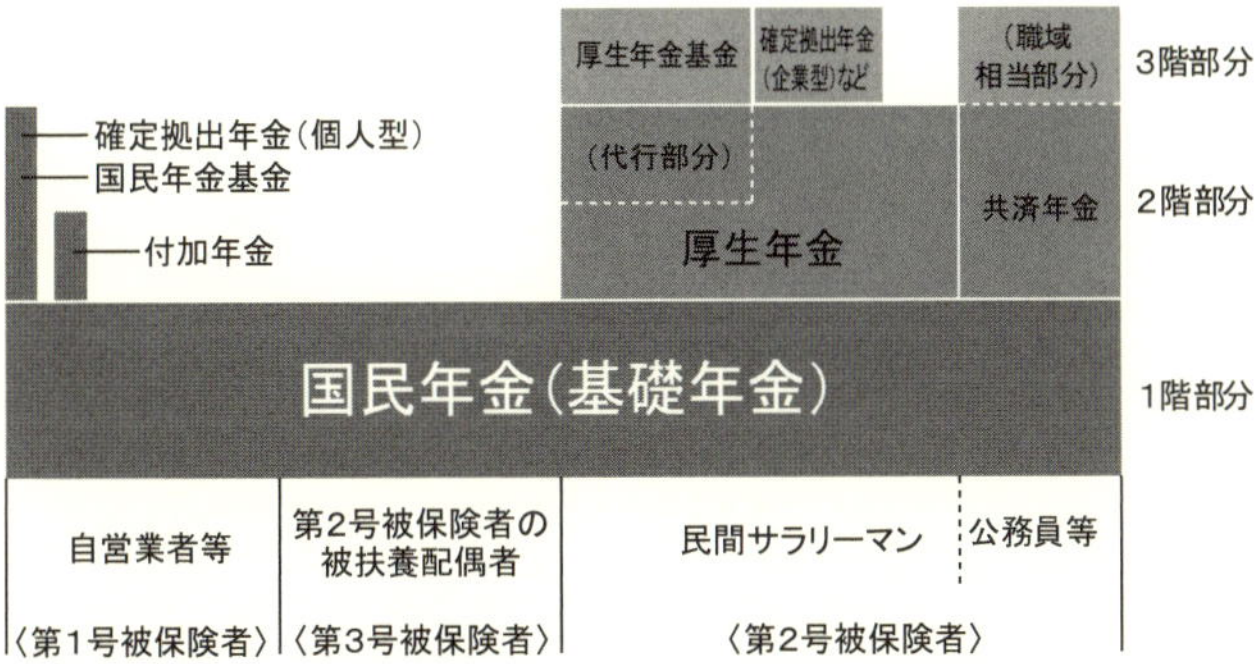

一方で、国民年金に上乗せされる国民年金基金にも積立不足は生じている。二〇一〇年度で一兆一二九三億円という額に達しているのだが、廃止の話はまるで聞かれない。

国民年金基金のホームページを見ると、財政・資産運用状況のところに「平成二三年度の運用利回りはプラス二・五%程度であり、同年度末における責任準備金に対する積立不足割合は三五%程度」とあり、三五%も足りないことを明らかにしている。

さらにこうも書かれている。

「積立金運用の毎年度の実績は市場動向に大きく影響を受け短期的には年度により変化をするものである一方で、年金制度は中長期的に運営していくものであることから、積立金運用も中長期的な運用方針を定め、これを堅持していくことが、必要な収益を確保する最善の方法であると考えています」

この考え方には異論はないが、ならば厚生年金基金を廃止する理由もまるでないのではないか。つまるところ、厚生年金基金は民営で、国民年金基金は国営。官僚の天下り先としてなくすわけにはいかないということなのだろう。

3 消費増税は本当に必要なのか

消費税を上げれば景気は必ず悪化する

どれほどの人がわかっているのだろうかと首をかしげる感じで、いろいろな増税が進められています。

例えば二〇一二年一〇月に「地球温暖化対策のための税」が、一二月には「復興特別所得税・復興特別法人税」が導入されました。後者は二〇一三年一月から施行され、一般的なサラリーマンの場合、個人の所得税率は、これまでの一〇％から復興特別所得税分〇・

二一%を上乗せした一〇・二一%となり、源泉徴収されています。

そして二〇一四年六月からはこれも復興増税の一環として個人住民税の増税がスタートします。こちらは年額一〇〇〇円の増税負担です。

前者の地球温暖化対策のための税とは、つまり環境税。地球温暖化防止の名目で、石油や石炭、天然ガスなど全化石燃料に課税するというものですが、増税分は結局は値上げとなって消費者が支払う仕組みです。化石燃料を使って発電している電力会社も料金に反映せざるを得ず、電気代も上がります。

一般会計に組み込まれる環境税

この環境税の巧妙さは、初年度の税収は三九一億円と、さも小さな増税であるかのようにスタートし、しかし今後数年間で段階的に引き上げ、二〇一六年度以降は二六二三億円という大きな規模にまで持っていくというところにあります。

政府はこの増税による家計負担を、最終的に一世帯当たり月に一〇〇円程度、年

■ 地球温暖化対策のための税と家計負担

以下は、環境省発表「地球温暖化対策のための税の導入」からの抜粋

「地球温暖化対策税による追加的な家計負担については、現在のエネルギー使用量などをベースにした単純試算によれば、平均的な世帯で月100円程度、年1,200円程度と見込まれます。これは、3段階の税率がすべて上がった後を想定したものですので、例えば平成24・25年度の月々の負担はその3分の1(約30円)程度と考えられます」

税によるエネルギー価格上昇額		エネルギー消費量(年間)(注1)	世帯当たりの負担額
ガソリン	0.76円/L	448L	1,228円/年(102円/月)
灯油	0.76円/L	208L	
電気	0.11円/kWh	4,748kWh	
都市ガス	0.647円/Nm^3	214Nm^3	
LPG	0.78円/kg	89kg	

(注1)家計調査(平成22年)(総務省統計局)を基に試算
(注2)上記の試算では、本税の導入に伴って様々な負担軽減策が講じられることを考慮していません。また、税負担がすべて消費者に転嫁されると仮定しており、実際の価格転換の状況によって価格上昇額・負担額が異なります。また、電気について発電のために実際に利用される化石燃料の量によって、価格上昇額・負担額が異なります。

一二〇〇円程度と見込まれるとしていますが、この試算はガソリン、灯油、電気、都市ガス、LPGのエネルギー価格増だけから導き出したものです。

ご承知のように、化石燃料は産業全般にわたって必要不可欠なものですが、それらから見込まれる値上げ分については考慮されていないのです。

だいたい二六二三億円の税収と言うならば、単純に世帯数で割ると、一世帯当たりおよそ年に五〇〇〇円という金額になります。かなりの負担増としか考えられないのです。

しかもこの地球温暖化対策のための税による収入は特別会計ではなく、ほかの税収とともに一般会計に組み込むというのですから、もはや何をか言わんやでしょう。環境対策にきちんと使われる保証などないということなのです。

消費増税をせずとも手立てはたくさんある

こうした増税にまつわるいかがわしさは、消費増税も同様です。

私は一貫して消費増税に反対してきました。そんなことをしなくても景気回復を図る手立てはいくらでもあるし、消費税率を引き上げれば景気が悪化することが目に見えているからです。そもそも、借金が一〇〇〇兆円を超えて財政が立ち行かなくなってきているという、財務省の説明からしておかしなものなのです。

「国民経済計算年報」を見ると、二〇一一年の一般政府の負債は一〇九六兆円と確かに一〇〇〇兆円を超えています。しかし資産を見ると、金融資産は四四五五兆円、土地や建物など非金融資産は五四三五兆円もあるのです。つまり政府は、借金はあるが、資産も持っていることになります。もし財政が破綻の危機に瀕していると言うのなら、国民に負担を強いる前に、真っ先にそれらの資産を処分するべきなのです。一般家庭の家計なら当たり前の話です。

しかし財務省も政府もそんなことはおくびにも出しません。ひたすら日本の財政危機を繰り返します。国民を欺き、増税やむなしの雰囲気を醸成するためのものでしかないのですが、〝国があやうい〟という言葉がいかに日本国民に浸透しやすく効果があるかをよくわかったうえで、増税キャンペーンを続けている。常套手段です。

消費税率引き上げについては、二〇一三年八月二六日から三一日まで六日間をかけ、安倍総理の最終判断の参考にすべく「集中点検会合」なるものが開かれました。招かれた専門家、有識者は六〇人、反対や慎重な意見を述べそうな人を三割ほど参加させています。

何でわざわざそんなことをするのか。パフォーマンスです。多数の賛成者をそろえた場で、一応少数の反対者に意見陳述をさせてガス抜きをするわけです。これも官僚の常套手段。そして会議終了後、さまざまな観点から賛否両論をくみ上げた結果、七割、八割の有識者が賛成しましたとして、国民に報告するわけです。消費増税がもたらす負の影響など端《はな》から検討するつもりはないのです。

消費増税で苦しむのは庶民

国が売却できるものはいっぱいあります。

まずは永田町と霞が関の土地建物。国会議事堂、議員会館、首相官邸、首相公邸、衆参議長公邸、官庁の庁舎などなど、数え上げればきりがありません。たちまち数兆円の収入が計上されるでしょう。そのほかにも米国債の売却、政府系金融機関への貸付金の回収など、積み重ねていけば日本の借金などすぐにも半減します。財政立て直しの方策は知恵を働かせればいくらでもあるのです。

しかしそういう声に財務省が耳を傾けることはありません。自らの弱体化につながるからです。権限や発言力を強化するために、せっかく野田前総理が敷いてくれた消費増税路線を既定路線として死守したいのです。

財務省のために政治生命をかけた野田前総理

二〇一二年八月、民主党野田総理は、公約したいっさいがっさいのマニフェストを放り投げて、マニフェストに書いていなかった消費増税を平然と強行しました。これで二〇一四年四月に八％に、二〇一五年一〇月に一〇％にという、段階的消費税引き上げの道筋ができ上がってしまいました。野田総理が政治生命をかけたのは、財務省の思惑を実現させることだったのです。

増税は心苦しいと口では言いながら、野田総理の視界には国民の姿は入っていませんでした。そしてまた国民があれほど期待して政治を託した民主党の未来も入っていませんでした。民主党はうそつき政党と呼ばれ、国民からそっぽを向かれてしまいました。私は、野田佳彦という政治家は、民主党を崩壊させるために自民党が送り込んだ刺客だったのではないかと、本気で思ったほどです。

アベノミクスの三本の矢を検証した項（12ページ）で触れたように、日本経済は今、一五年の長きにわたったデフレからようやく抜け出そうとしています。そんなときに消費税率を三％も引き上げるのは、経済をまるで理解しない愚行です。兆《きざ》した勢いをそぎ、立ち直りかけている景気を悪化させてしまうのは目に見えています。

暮らしの隅々まで波及する消費増税は庶民を直撃します。金持ちは一〇％ぐらいの消費税など痛くもかゆくもなく、抜け道に長《た》けていたりもするのです。庶民だけが追い詰められ、貧困の辛酸をなめさせられることになります。

今日のデフレは一九九七年、自民党橋本政権が、消費税率を三％から五％に上げてから始まりました。政治家も官僚もなぜそのことを苦い経験として生かそうとしないのでしょう。あえて蓋《ふた》をしているようにしか私には見えないのです。

消費税を上げなくても日本の財政は破綻しない

消費増税を先送りしたら、財政に対する不信が高まって国債が暴落するなどと指摘するエコノミストがいますが、まるで的が外れています。というのは日本の国債は、国内投資家が九割以上を保有しているからです。だから海外の投資家が動いても、簡単に暴落することはまずあり得ないのです。

二〇一二年三月末で、国の借金は一〇八八兆円、一方資産は六二九兆円ですから、差し引き純債務は四五九兆円ということになります。GDP（＝国内総生産）とほぼ同額の純債務を国は抱えているということになるのです。これが大きいかどうかは議論の分かれるところですが、消費税を今すぐ引き上げないと国債が暴落するようなレベルではないことは明らかでしょう。

実はアメリカもまた純債務はGDPとほぼ同じです。借金のレベルは日本もアメリカも変わらないわけです。しかしアメリカがすぐにも財政破綻するだろうと語るエコノミストはいません。早く消費税を引き上げないと日本の財政は破綻してしまうなどという主張は、この観点からも成り立たないことがおわかりでしょう。

デフレを脱却し、物価が上昇していけば、税収は自然増で膨れていきます。日本の経済規模を五〇〇兆円とすれば、毎年二%ずつ物価が上がれば毎年一〇兆円ずつ大きくなる計算です。大雑把に言うと、GDPの一〇%の税収があるので、毎年一兆円ずつ税収が増えていくわけです。

アベノミクスの第一の矢・第二の矢の効き目を信じているならば、今ここで消費増税などする必要はさらさらないのです。

4　ＴＰＰ参加は日本を幸せにするものなのか

ＴＰＰ参加で潤うのは経済強者

環太平洋パートナーシップ協定――ＴＰＰ協定。太平洋に面した諸国間で、原則として一〇年以内に関税を撤廃、国境を越えてヒト、モノ、サービス、カネの行き来を自由にしようと図るもので、その交渉が大詰めを迎えています。

極めて広域的なこの経済連携協定は、そもそもはシンガポール、ブルネイ、チリ、ニュージーランドの四か国間で二〇〇六年に発効された協定が始まりです。その後オーストラリア、ペルー、ベトナム、アメリカ、マレーシア、メキシコ、カナダが参加、日本は二〇一三年三月一五日、正式に交渉参加を表明しました。

安倍総理のこの決断を、世論調査では、朝日新聞よると七一％、毎日新聞よると六三％の人が支持をしました。肯定的に受け止められたのは、一つには、TPP参加で関税が全部撤廃されてもGDPは三・二兆円増えるという経済効果試算が大きかったように思えます。

いったん参加してしまえば後戻りはできない

TPP参加についての私の立場を先に述べておくと、私は断固反対です。日本という国の良さがさまざまな面で瓦解してしまうからです。

75ページの表をごらんください。TPPが、暮らしの広汎な分野に及ぶ、過去に例のない規模の経済協定であることがわかると思います。日本の産業やサービスの形が大きく変わるだけでなく、環境や文化にまで影響を及ぼすインパクトを持っているのです。

■ 日本が交渉参加した時点に於けるTPP交渉参加国

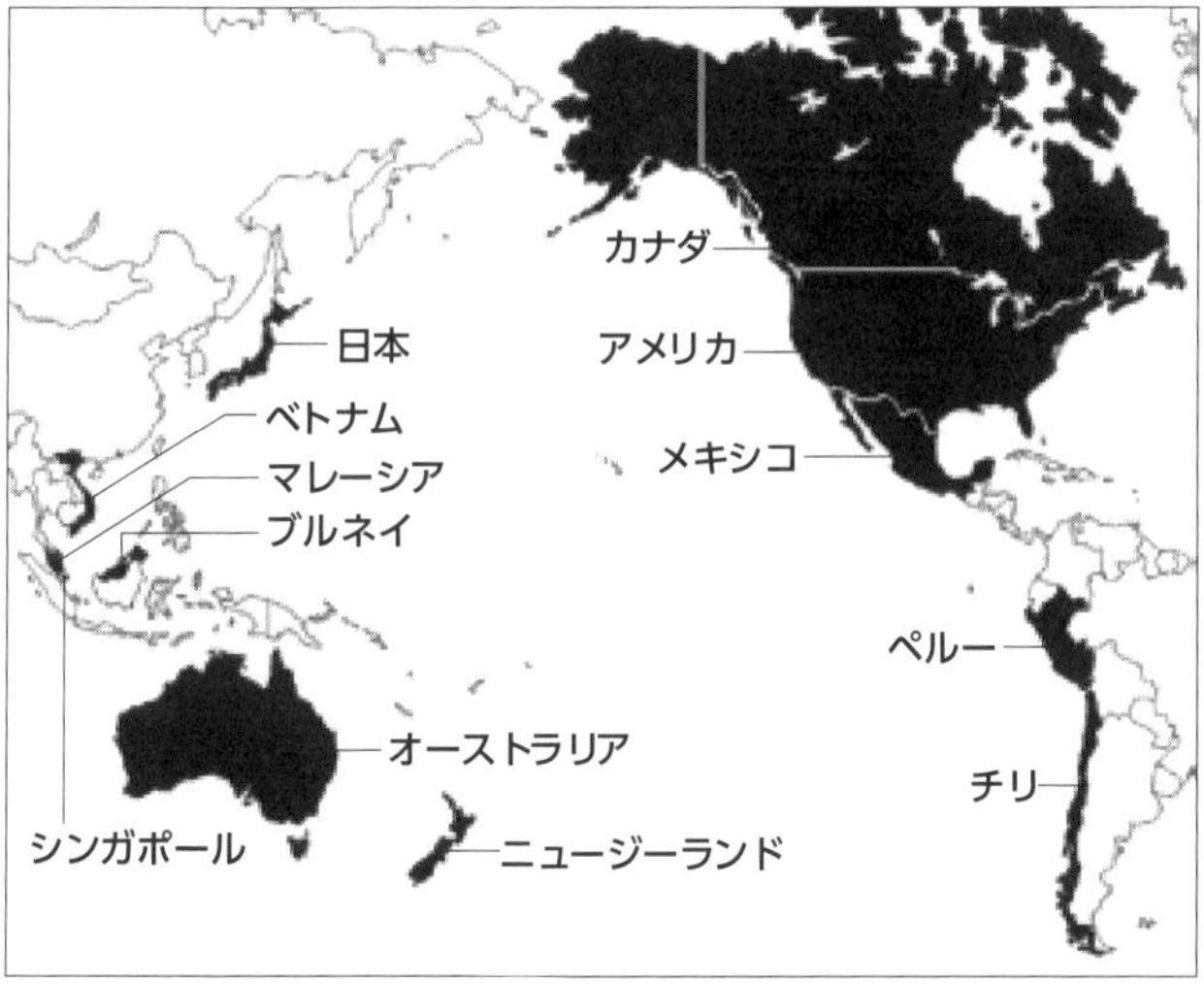

TPP＝Trans-Pacific Partnership

2006年	シンガポール、ブルネイ、ニュージーランド、チリの4か国による協定（＝原協定）が発効
2008年　9月	アメリカが交渉開始を表明
2010年　3月	アメリカ、オーストラリア、ベトナム、ペルーを加えた8か国で拡大交渉開始
10月	マレーシアが交渉参加。9か国に
2012年11月	メキシコ、カナダが交渉参加。11か国に
2013年　7月	日本が交渉参加。12か国に

慎重に慎重を重ねてもまだいっそうの慎重さが求められるのがＴＰＰへの参加です。そしていったん協定してしまえばもはや後戻りはできません。

安倍総理は三月一五日の記者会見でＴＰＰ参加の緊急性を語りました。

「今がラストチャンスです。この機会を逃すということは、すなわち、日本が世界のルールづくりから取り残されることに他なりません」

本当にそうなのでしょうか。

環太平洋、つまり太平洋を共有する国々による枠組みだから当然でしょうと言われればそれまでですが、Ｇ８（＝主要国首脳会議）の国々で、日本が入る前から参加しているのはアメリカとカナダだけです。なのに世界のルールづくりから取り残されてしまうというのは真実なのでしょうか。

ＴＰＰで国内の農業生産は三分の一に激減する

前述した経済効果試算の中身をもう少し見てみます。

■ TPPで交渉されている主要21分野

1．物品市場アクセス
2．原産地規則
3．貿易円滑化
4．衛生植物検疫（ＳＰＳ）
5．貿易の技術的障害（ＴＢＴ）
6．貿易救済（セーフガード等）
7．政府調達
8．知的財産
9．競争政策
10．越境サービス貿易
11．商用関係者の移動（一時的入国）
12．金融サービス
13．電気通信サービス
14．電子商取引
15．投資
16．環境
17．労働
18．制度的事項（法律的事項）
19．紛争解決
20．協力
21．分野横断的事項

（※政府発表の資料に基づき作成）

輸出は二・六兆円増、輸入は二・九兆円増で、貿易赤字は拡大するとしています。それでも経済効果はプラスとなるとするのは、関税撤廃によって安価な食料品の消費が増えると考えているからですが、何とも危うい見込みです。

そもそもTPP参加でメリットがあるのは経済強者です。関税撤廃と規制緩和が著しく進み、例えば遺伝子組み換え食品やポストハーベスト（＝収穫後に撒布される農薬）の農作物がどんどん入ってきます。しかしだからといって経済強者たちが、安いからと大喜びし、それらをたくさん食べるようになるとはとうてい思えません。食べざるを得なくなるのは、生活の苦しい庶民なのです。

試算ではまた、農産物について、主要三三品目の国内生産額が三兆円減少するとしています。しかし、二〇一一年の農林水産省の推計では、一一品目で四兆一〇〇〇億円の減少となっていました。今回の試算は、おそらくコメの生産減少率を大幅に緩和したようですが、それには無理があります。

現在のコメの国際価格は一〇キロ当たり五〇〇円程度です。一方日本は、どんなに大規模化し生産効率化を図っても、生産者価格ベースで一〇キロ当たり一五〇〇円を切ることすら至難です。ＴＰＰ参加によって、日本のコメは銘柄米と有機米しか生き残ることはできず、九〇％が壊滅するとした、元々の農水省推計が正しいのです。

ＴＰＰ参加で国内の農業生産は三分の一に激減するという指摘もあります。国内の農家は未曾有の危機に直面しているのです。それなのに、あれだけＴＰＰ交渉参加を阻止すると約束して二〇一二年末の衆議院議員選挙、先の参院選で当選した自民党議員はだんまりを決め込んでいます。

関税撤廃に例外は認めないＴＰＰの大原則

今一度、経済効果試算のＧＤＰ増三・二兆円なる数字を考えてみます。

この数字は関税撤廃がすべて行われたとしてのものです。単純計算すると、撤廃に一〇年かかったとすれば一年当たり三二〇〇億円。成長率の押し上げ効果としてはわずか〇・〇六％でしかありません。景気拡大効果はほとんどないといってもよいのです。

最後発で交渉に加わった日本には、すでに合意されている決定事項を覆すことはまずできません。二〇一三年二月の日米首脳会談で、ＴＰＰ交渉には聖域はある、つまり例外は認められるとオバマ大統領から言質を得たとする安倍総理は「私を信じてください」と国民に訴え、自民党の石破幹事長は、コメ、麦、牛肉・豚肉、乳製品、甘味資源作物の重要五品目は守り抜くと約束し、ＴＰＰ交渉参加に踏み切りました。だから日本の農業はひどいことにならないでしょうと信じている人も多いようです。

しかしそれは裏切られることになるだろうと私は考えています。というのは「例外は認めない」ということこそが、ＴＰＰの根幹といえる大原則だからです。

金融緩和と引き替えにされたＴＰＰ交渉参加

日本のＴＰＰ参加を強く求めていたのはアメリカです。二一に及ぶ分野で日本の関税や規制がなくなれば、将来にかけてとてつもないメリットがアメリカ企業にもたらされるからです。それを踏まえれば、最後発でＴＰＰに参加するにしても、日本はアメリカに強く主張できる優位さがあったはずです。

それなのに、二〇一三年四月に開かれたＴＰＰ交渉参加に向けたアメリカとの間の事前交渉では、アメリカにすり寄りたい安倍政権の姿勢につけ込まれた形で、アメリカが日本車にかけている乗用車二・五％、トラック二五％の関税は「最も長い段階的引き下げ期間によって撤廃する」と決まりました。つまり当面は関税撤廃しないということで、実質一〇年以上先まで先送りされてしまったのです。日本の自動車業界は反発しましたが、経済的メリットは大きく減少してしまいました。皮肉にも逆にアメリカに〝聖域〟を勝ち取られてしまったわけです。

では日本が求めていた重要五品目の聖域はどうなったかというと、やはりというべきか、アメリカ側から得られたのは「日本には農産品というセンシティビティ（＝重要課題）がある」という認識の確認だけだったのです。

また保険分野でも、麻生財務大臣は、これもまたアメリカに配慮してのことでしょう、かんぽ生命によるがん保険などの新規業務を当面認可しないと発表しました。実は農産物の問題に目を向けさせて隠されている観がありますが、日本を何としてもＴＰＰに参加させたいアメリカの大きな狙いの一つは、日本の医療保険分野の開放なのです。

崩壊の危機に直面する国民皆保険制度

ＴＰＰで日本の医療制度はどうなるのか――。

日本が世界に誇る国民皆保険制度は崩壊してしまうでしょう。そして民間の保険会社が巨大な力を持っていきます。その結果、金持ちは最先端の優れた治療を受けられる一方、公的保険の支えを失った貧困層は、民間の健康保険に入らないかぎり、病院に行くことすら難しくなります。つまりアメリカ型に変貌し、富裕層と貧困層とで、受けられる医療に大きな格差が生じることになるのです。私には、今の日本国民がそのような社会を望んでいるとはとても思えません。

またＴＰＰにはＩＳＤ条項なるものがあります。これは、投資家（企業）が投資先の国が市場参入規制や国内企業保護をしているとみなした場合、不当に損害をこうむったと、投資紛争解決国際センターに訴えることができるというものです。要するに日本政府はグローバルスタンダードではないと訴えられ、窮地に陥ってしまうということです。そんなことはないだろうと楽観視してはいけません。ほかの貿易協定では現に起こっていることなのです。

こうしてＴＰＰ参加に関わる日米の動きを見ていると、なぜ準備もそこそこにＴＰＰ交渉参加を急いだのか不思議でなりません。これもまた袋叩《だた》きにあいそうな発言なのですが、安倍総理はアメリカに、金融緩和を認めてもらう代わりに、ＴＰＰ参加と辺野古移設を差し出したのではないのか――そうとでも考えないと納得がいかないのです。

いずれにせよはっきりしていることは、交渉事では、アメリカと日本は大人と子どもだということです。そんな子どもが集団的自衛権の行使を差し出したらどうなると思いますか。アメリカの言いなりに世界各地へ戦争にかり出されるだけでなく、報復の標的となってテロにおびえなければならない国になることは自明の理です。しかも政治家や官僚は戦場には行きません。死地に赴くのは庶民の若者なのです。

さらに考えを深めるための森永MEMO④

▼結局TPPは、一億総中流社会を変貌させ、市場原理が猛威を振るう弱肉強食のアメリカ型へと日本を推し進めてしまうだろう。

例えば低賃金で雇える外国人労働者が増え、日本人労働者の賃金が下がるのは明らかだ。成長戦略との両輪で、解雇規制緩和は一気に進み、正社員でも平気でクビを切られる時代が到来する。安倍総理は「国益は守る」と言うが、はたしてできるのか。一九八九年に始まった日米構造協議からずっと、交渉事で日本がアメリカと渡り合えたことは一度もない。日本は勝ち目のないいくさに突入するのだ。

▼農林水産省が、関税撤廃によって、例えばコメの国内生産は一〇分の一となると指摘したように、TPP参加で日本の農業は壊滅の危機に直面する。

TPP推進派はこう言う。

「日本のコメは、安全でおいしいと世界的に評価されている。一九九三年のコメ不足の際、緊急輸入したタイ米が売れなかったことでわかるように、強い国際競争力を持っている。だから関税撤廃ごときに負けることはない」

はたしてそうか――。

緊急輸入されたタイ米が受け入れられなかったのは、日本人にはなじみがない長粒種だったからだ。ところが今は、日本のコメと同じ短粒種が海外で盛んに生産されるようになってきている。それがＴＰＰで安価に流入する。一般家庭が国産米にこだわっても、価格競争にしのぎを削る外食産業やコンビニなどは、外国米に切り替えてしまうだろう。

日本の農業は生産が三分の一まで落ち込むとも指摘されている。農村には耕作放棄地が広がり、農業補助金で建てられた公共施設がそびえ立ち、成長戦略に後押しされた農業工場が姿を現すだろう。

▼ＴＰＰ推進派は次のようにも言って平和を愛する反対派をこわがらせる。

「ＴＰＰに参加しなかったら、日本が侵略されたときアメリカが守ってくれないぞ」と。

ならば何のために日米安保条約があり、基地を提供しているのか。詭弁もいいところなのだ。推進派が、こうしたすぐにも論理の破綻をきたすことを平気で言うのは、戦争の危機が高まっていると国民が危ぶんでいることを示している。仮想敵国は尖閣諸島や竹島でこじれてしまった中国や韓国であろう。

しかし武力衝突のリスクを高めたのは、右派が必要以上に対立を煽《あお》ったからではないのか。むろん彼らは反省したりはしない。アメリカに、アメリカが喜ぶTPP日本参加を差し出し、強固な日米同盟づくりに必死になっているのだ。

TPP交渉が最終段階に至ったとき、政府は「もはやこれ以外の選択肢はありません」と、農産物の関税撤廃などアメリカの要求に近いことを受け入れることだろう。無条件降伏と言われてもおかしくはない。脳裏に、一九四五年九月二日の日本の降伏文書への署名が思い浮かぶ。それと同じことが繰り返されるのだ。これから日本の国土は徐々に荒廃していく。国民の財産も自由も奪われていく。再びアメリカの占領下になるのだから、当然のことなのだ。

▼ＴＰＰで自由競争が進めば、チャンスが増え、努力が報われる社会に変わっていくというフィクションを鵜呑みにしてはいけない。そうはなっていかないのだ。

例えば日本の一五歳〜二四歳の若年層の失業率は、二五歳〜五四歳の層の二倍弱だが、アメリカや韓国では三倍にもなっている。若年層が仕事を得にくいのだ。

ご存じのように米韓両国とも競争社会で、そのために高学歴であることが要求される。しかしそれはあくまでも必要条件であって、確実に就職を手にするにはコネが重要だ。一所懸命勉強して成績を上げれば良い企業に勤められるというのが、最もわかりやすい努力が報われる社会なのだが、現実にはＴＰＰ下で自由競争が拡大すればするほど、コネの重みが増していくのだ。

権力者にすり寄った人ほど裕福になれる社会――それはアベノミクスのゴールでもある。

第一章

第二章

第三章

「超貧困」化政策に翻弄されないために

二〇一三年と「超貧困」への足音

今、日本で何が起こっているのか
――二〇一二年後半から読み解く

二〇一二年一二月一六日、第四六回衆議院議員選挙が行われました。自民党は過半数の二四一議席を大幅に上回る二九四議席を獲得、三年数か月ぶりに政権を取り戻しました。連立を組む公明党と合わせると三二五議席、まさに圧勝です。

しかしながら、国民が自民党政権復活を、諸手《もろて》を挙げて望んだわけではないことは、五九・三二%という戦後最低の投票率が物語っています（131ページ・投票率推移図参照）。一方、公約のすべてを反故《ほご》にし、うそつき政党とみなされてしまった民主党は、二三〇議席から五七議席へと凋落しました。自民党政治に決別し、政治に新風をと願った国民を裏切ったツケは、あまりにも大きいものでした。

しかし二〇〇九年八月三〇日の衆議院議院選挙に於いて、民主党に全四八〇議席数の六・四割に及ぶ三〇八議席を与えたのもまた、私たち国民であったということは忘れてはいけないでしょう。

このように数年前には民主党の人気沸騰があり、二〇一二年は維新フィーバーがありました。そして今はアベノミクスです。

しかし、政党や政策、あるいは政治家を熱狂的に支持したいという気持ちが湧くのならばなおのこと、私たちはさまざまな観点から冷静に点検し、分析し、その本質をできうるかぎり見極める努力をしなければなりません。それこそが今日の私たちが、繰り返されてきた政治の腐敗や経済の混乱から学び取っていかなければならないことだと、考えるからです。

そのためにも、日々のニュースとの向き合い方が重要です。

限られた報道、一部の論調に縛られてしまうことから、自由にならなければなりません。本当だろうかと、まずは疑ってみることも大切です。鵜呑みにしてしまうことは、弱い者をもてあそぼうと爪を研いでいる強者の思うつぼなのです。インターネット上の情報も玉石入り乱れています。多様な見方や考え方に触れて、ニュースや情報を読み解く力、だまされない力、判断力を養わなければなりません。そしてそれが超貧困化政策に翻弄されない自信を身につけることになります。

民主党政権から、再び自民党政権へ――。大きな変わり目となった二〇一三年は、いろいろなことが起き、さまざまなことが進行していきました。そしてそれらは超弱肉強食の道へと収斂《しゅうれん》され、「超貧困」の時代がやってきます。

この章では、私が、二〇一三年の折々のニュースや出来事に、どんな疑問を持ったか、どのように考えたかなど、暮らしに大きく関わる事柄から幾つか選んで、述べたいと思います。日本で今、起こっていることを正しく知ることで、この先、私たち庶民がどのように生きていったらいいのかを示したいと思うからです。

＊　＊　＊

「二〇一三年」に入る前に、プロローグとして、二〇一二年後半にどのようなことがあったのか、振り返ってみることにします。

主に政治、経済の動きを中心に取り上げてみました。庶民を超貧困へと追いやるため、二〇一三年に向けて、着々とさまざまな布石が打たれていることがよくわかるはずです。

プロローグ　二〇一二年・平成二四年――後半

月	日	ニュース・出来事
6月	1日	円と人民元の直接取引が東京と上海でスタート。東京での初値は1元＝12円33銭
	13日	3月時点での生活保護受給者が過去最多の210万8096人に（厚生労働省）
	19日	年金消失事件でAIJ投資顧問の浅川和彦社長ら逮捕

7月

1日　大飯原発3号機、震災後初の原発再稼働

2日　小沢一郎元代表ら52人が離党届けを提出。民主党分裂

5日　「平成23年国民生活基礎調査の概況」（厚生労働省）

＊平成22年の一世帯当たりの平均所得金額（岩手県、宮城県及び福島県を除く）は、「全世帯」538万円、「高齢者世帯」307万2000円、「児童のいる世帯」658万1000円。前年よりもそれぞれ、11万6000円、7000円、39万2000円の減となった

＊生活意識の状況（岩手県、宮城県及び福島県を除く）では、「苦しい」（「大変苦しい」＋「やや苦しい」）と答えた世帯の割合は、「全世帯」で61・5％、「児童のいる世帯」で69・4％、「高齢者世帯」で54・4％

26日　「平成23年簡易生命表の概況」（厚生労働省）

＊男性の平均寿命は79・44年、女性の平均寿命は85・90年。それぞれ前年より0・11年、0・40年下回った

27日　ロンドンオリンピック開幕

8月

7日　日本の人口は1億2665万人（3月31日現在）。三年連続減少（総務省）
＊住民基本台帳に基づく3月末の総人口は1億2665万9683人。対前年26万3727人の減少で、3年続けての減少となった
＊人口増加数は東京都、人口増加率は沖縄県がトップ
＊三大都市圏（東京圏、名古屋圏及び関西圏）の人口が過去最高に

10日　「社会保障と税の一体改革関連8法案」が成立
＊8つの法案とは次のとおり。「年金機能強化法案」「被用者年金一元化法案」「社会保障制度改革推進法案」「子ども・子育て支援法案」「同関係法律整備法案」「認定こども園法改正案」「消費税法改正案」「地方税法・地方交付税法改正案」

9月

11日　日本が尖閣諸島を国有化

16日　65歳以上が3074万人に（総務省）
＊15日現在の高齢者人口推計が発表される。男性は1315万人、女性は1759万人で、総人口に占める割合は24・1％。団塊の世代のうち、1947年生まれが65歳に達したことから、人口、割合ともに過去最高となった

26日　自民党新総裁に安倍晋三元首相

28日　日本維新の会結党

10月

1日　野田第3次改造内閣

郵便事業株式会社と郵便局株式会社が統合、日本郵便株式会社が発足

8日　山中伸弥京都大学教授がノーベル生理学・医学賞に選ばれる

11月

6日　アメリカ大統領選挙でオバマ大統領再選

16日　「国民年金法等の一部を改正する法律等の一部を改正する法律」が成立

＊年金額の特例水準を、平成25年度から27年度までの3年間で解消する。平成25年10月1日より施行

15日　中国共産党総書記に習近平氏が就任

16日　衆議院解散

12月

16日　第46回衆議院議員選挙。民主党から自公に政権交代

19日　韓国大統領選挙でパク・クネ氏が勝利。韓国初の女性大統領誕生

26日　特別国会で首相指名。安倍内閣がスタート

〈衆院選〉と右傾化の高まり

民主党に厳しい国民の審判が下り、衆議院の三分の二を超える議席を自公が獲得したわけですが、私はこの選挙から右傾化の兆候を強く感じています。

獲得議席数を見てみます。自民党は一一八議席から二九四議席に、日本維新の会は一一議席から五四議席と躍進しました。日本維新の会は国内では改革政党と位置づけられていますが、英字新聞には、〝ライトウィング・パーティ（=右翼政党）〟と書かれています。日本維新の会の発足記念パーティが、日の丸を掲げ、一糸乱れず国歌斉唱をすることから始まっているのですから、海外メディアの評価は的外れとは言えないでしょう。

惨敗した民主党でもリベラル派は落選し、前原誠司、長島昭久らのタカ派議員は当選。自民党でもリベラル派の加藤紘一元幹事長は議席を失いました。この選挙は、右派の勝利と言い換えてもいいように思います。

こうして右傾化が進んだ背景には、一五年にわたるデフレ不況の影響があると私は考えています。かつて一九二九年のニューヨーク株式市場の大暴落に端を発した大恐慌は、深刻なデフレ不況と閉塞感が世界中を覆い尽くしたのですが、そのなかでみるみる力を持っていったのがヒトラーであり、ムッソリーニであり、スターリンでした。そしてこうした独裁者たちの登場を後押ししたのは、まぎれもなく国民の圧倒的な支持だったのです。

さっそうと威勢がよく、力強く、弁舌に長《た》けた政治家は、光の見えない混迷から救ってくれるヒーローのように映ります。確かに最初は景気を立て直したりもするので、国民は歓喜をもって政治をゆだねてしまいます。例えばヒトラー内閣は失業率四〇%だったドイツを、四年でほぼ完全雇用社会へと押し上げました。アウトバーン(=ドイツの高速道路)を整備、国民車構想を進めるなど、目を見張る先進的な産業政策も推進しました。

しかしその後、ヒトラーは何を為《な》したでしょうか。

私はアベノミクスの三本目の矢、成長戦略には問題があると思っています。経済政策で景気は良くなるでしょう。しかし庶民の暮らしはいっこうに良くならないのではないか。潤うのは金持ちや大企業だけではないのか――。

そしてそういうときに、さらにより強い政治家の登場を国民が求めてしまうことを、いちばんに私は恐れます。国が焼け野原になってから気づいても遅いということは、わずか七〇年前に世界が、そして何よりも日本が学んだ最大の教訓です。それを決して忘れてはならないのです。

PART1　二〇一三年・平成二五年――前半

月	日	ニュース・出来事
1月	1日	復興特別所得税施行。源泉徴収すべき所得税の額の2・1％相当額、期間は25年
		東京電力が福島復興本社を設立
		株式会社東京証券取引所グループ（東証グループ）と株式会社大阪証券取引所（大証）が統合

11日　「日本経済再生に向けた緊急経済対策」発表
16日　アルジェリア人質事件
29日　「平成25年度税制改正大綱」閣議決定

2月

4日　生活費の高い都市ランキングで東京が1位、大阪が2位に（英経済誌エコノミスト）
15日　第1回「国家安全保障会議の創設に関する有識者会議」
22日　日米首脳会談
25日　故納谷幸喜（元横綱大鵬）氏への国民栄誉賞の表彰式

3月

11日　東日本大震災2周年追悼式
15日　安倍首相、TPP交渉参加を正式に表明

4月

1日　自動車損害賠償責任保険（自賠責保険）の保険料が平均13・5％の値上げ
　　　日経平均株価が一時1万3000円台を回復
5日　「沖縄における在日米軍施設・区域に関する統合計画」を日米政府共同発表
19日　公職選挙法の改正案が成立。インターネット選挙運動が解禁に

28日　主権回復・国際社会復帰を記念する式典

5月

1日　関西電力、九州電力が、電気料金を値上げ

5日　長嶋茂雄氏・松井秀喜氏の国民栄誉賞表彰式

17日　成長戦略第2弾スピーチ

6月

5日　成長戦略第3弾スピーチ

6日　新たな内閣総理大臣表彰「三浦雄一郎記念日本冒険家大賞」の創設を決定

14日　規制改革実施計画が閣議決定

22日　富士山が世界文化遺産に登録

23日　東京都議会議員選挙。自民党が圧勝、民主党は惨敗し第4党に転落

〈金融緩和〉は期間限定？

アベノミクスへの期待から安倍内閣発足後に株高、円安が大幅に進みました。「インフレターゲット二％が実現できるまで無制限に金融緩和を継続する」とした金融政策が完遂されれば、株価はもっと上がるでしょう。

株価が一株当たりの純資産の何倍になっているかを示すものが、ＰＢＲ（＝株価純資産倍率）という指標です。二〇一二年末の東証の平均は〇・八倍。つまり企業の解散価値を下回っていたのです。先進国のＰＢＲがこの数年二倍弱で推移していることと比べると、日本の株価がいかに低かったかがわかると思います。もし、日本のＰＢＲが欧米並みに高まったとすると、日経平均株価は二万五〇〇〇円程度まで上昇することになります。ただ、私は、とてもそこまでは行かないと考えていました。

七月の参院選でねじれ解消を果たしたい安倍総理は、選挙までに目に見えてわかる景気回復を国民に示そうとしました。過去二番目の大きさとなる総額一三兆一〇〇〇億円もの二〇一二年度補正予算を組んだのも、そのためです。

インフレターゲット二％を実現するには、三〇〇兆円以上の資金供給と対ドル一二〇円ぐらいの為替レートが必要です。しかしアメリカがそんな円安ドル高を許すはずがないと私は思いました。だから安倍総理は「参院選の七月までで よいので、金融緩和を認めてほしい」とオバマ大統領に懇願しました。オバマ大統領も期間限定なら了承するだろうと考えていたのです。

かつての小泉内閣のときも同じでした。前任の森総理の時代、マイナス六％まで絞り込んでいたマネタリーベース（＝現金＋日銀当座預金）の伸び率を一年三か月かけて三六％まで持っていったのですが、その後一転して引き締めたのです。結局景気回復はしたものの、デフレ脱却を果たせずに終わりました。

二〇一三年七月の参院選でねじれが解消し、三年間、国政選挙がないのですから、もう急いで無理して景気を拡大させる必要性はなくなりました。その代わりに動き出すのが成長戦略。本腰を入れて弱肉強食政策に邁進するはずです。

ただ、この私の予想は外れました。弱肉強食化を促進する成長戦略を打ち出してくるという部分はあっていたのですが、金融緩和は七月までで止まりませんでした。

野田前総理が解散総選挙を宣言した二〇一二年一一月のマネタリーベースの前年比伸び率は五・〇%と、強烈な金融引き締めだったのですが、二〇一三年七月には三八・〇%と急激な金融緩和が行われました。ここまでは予想どおりだったのですが、その後も金融緩和は続き、一一月には五二・五%と、本当の異次元の金融緩和が行われています。

白川総裁の時代には、考えられなかったことで、日銀がついに本気になったことがうかがえます。

〈緊急経済対策〉に不平等のにおい

二〇一三年一月、安倍内閣は一三兆円規模の緊急経済対策を発表しました。アベノミクスは第一の矢が先に触れた金融緩和、第二の矢が財政出動ですが、この経済対策は第二の矢の中心的な役割を果たすものです。公共事業を中心とする財政出動は景気に即効性があるので、何が何でも景気を拡大したい安倍内閣は、強力なパンチを放ったのです。

狙いは、前述したように参院選対策にあるのですが、もう一つ、消費増税の問題も関わっていました。あまり知られていませんが、消費税引き上げ法には景気条項があり、デフレのままでは引き上げられないことになっているのです。景気判断は四月～六月のＧＤＰ統計を基になされるので、それまでに何としても景気を上げておかないと、消費増税を予定どおりに発動することができません。

ただ、孫への教育資金を非課税にするという、自民党らしい対策も盛り込まれました。眠っていた貯蓄が孫に贈与され、それが消費へと転換する効果を狙ってのものです。確かに経済効果はあるでしょう。しかしよくよく考えてみると、この対策は平等といえるものなのか、疑問が湧いてきます。

非課税枠は一五〇〇万円になりました。しかし、それだけの教育資金を孫に贈与できるのは富裕層だけで、庶民にはあまり関係のない話です。実はここが眼目で、結局この対策によって、富裕層の孫だけが非課税となった潤沢な教育資金を注がれ、質の高い教育を受けられるようになるということです。富裕層の課税が免除され、格差は再生産されていくのです。

また、いずれ取りまとめられるだろう改正に、年少扶養控除の復活があります。一見肯定的に受け止めたくなりますが、実は児童手当の削減とセットになっています。扶養控除の額を増やす代わりに、民主党政権になって増額された児童手当の額を、かつての自民党政権時代の水準まで引き下げる、つまり元に戻すつもりなのです。

子どもの成長を社会で平等に応援するには、扶養控除ではなく、一定の手当を支給するほうが理に適《かな》っている。だから「控除から手当へ」――これが民主党政権の考え方でした。扶養控除の減税効果は、税率の高い高額所得者ほど大きいのです。

自民党が再び「手当から控除へ」とすることは、結局は、富裕層の子育て支援に重きを置くことに他なりません。

資本主義社会では、能力の高さは収入につながっています。だから、金持ちは能力が高い、子や孫も資質を受け継いでいる、したがってそこに教育投資を集中させるほうが社会のためになる……と、そういう乱暴な理屈も成り立たないわけではありません。

しかし私たちはよく知っています。大金持ちのぼんぼんが、どうしようもなく無能だったりすることを。手当から控除へ——の回帰に不平等のにおいをかぎつけるのは私だけではないでしょう。富裕層の子弟の足を引っ張るつもりは毛頭ありませんが、政府が特別に支援する筋の通った理屈はどこにもないのです。

〈税制改正〉による庶民の負担増

二〇一三年一月二九日、先に公表された税制改正大綱が閣議決定されました。富裕層への増税、庶民への減税を見せかけながら、大多数である庶民に的を絞って大増税をしかけるもので、実に巧妙に考えられています。

二〇一五年から所得税と相続税の最高税率をそれぞれ、四〇%から四五%に、五〇%から五五%に引き上げるのだそうです。まずはこれを考えてみましょう。

確かに高額所得層は一割程度の負担増になりますが、所得税の最高税率が適用されるのは、課税所得四〇〇〇万円を超えた部分だけです。彼らはさほどの痛痒は感じないでしょう。しかも日本ではよほどの高給取りでも年収三〇〇〇万円がいいところで、最高税率が適用されるのは全国で数万人ぐらいのものです。

実は富裕層がいちばん困るのは法人税率が上がることなのです。彼らの多くは個人の会社を持っていて、車を買ったりゴルフをしたり、豪勢に飲み食いしたりは、会社の経費で落とします。仮に交際費となっても法人税で処理できてしまいます。そしてこの法人税は三〇%だったのが、二〇一二年から二五・五%に下げられています。また、二〇一三年までは、復興特別法人税として税額の一割を納めることになっていましたが、二〇一四年からそれも廃止されることになりました。

相続税はどうでしょう。こちらは庶民への影響は極めて大です。というのも、非課税枠に当たる基礎控除を四割も縮小し、三〇〇〇万円とするからです。これまでは相続に際して多くのケースで申告の必要もなく、相続税を納付する人は四%しかいませんでした。それがこれからは軒並み相続税を払わなければならなくなりそうです。特に都市部に住む人は大変で、不動産はあっても現金がないために、家を手放して相続税を払うという事態がそこかしこで起きるでしょう。古くからの商店街がそっくり消えてしまうなんていうこともあり得ます。税制の改正が、金持ちを優遇し、大多数である庶民を狙い撃ちしていることがよくわかると思います。

また、この税制改正の眼目の一つが、労働分配増加に関わる法人課税です。従業員の給与を増やした企業に対して、支払った給与の増加額の一〇%を法人税から控除するという制度がつくられたのです。日本全体で雇用が増えたり賃金が上がれば、それなりに意義があるのですが、現在日本の法人の七割、特に中小企業の多くは赤字経営に苦しんでいます。減税策の恩恵にはまずあずかれないでしょう。つまりこれもまた大企業のために創設された制度なのです。

これだけでも、ありありと見えてきたのではないでしょうか。安倍政権の政策とは、庶民の味方をうたって制度をつくり改定を図るのですが、実際は巧みに庶民の負担増をもくろんでいるのです。そしてシステムが動き出し、成長という名の果実が大きく膨らむと、それは確実に利権の手に落ちるという仕組みなのです。

〈サービス残業〉の常態化はなくなるか

デフレから脱却できるかどうかは、需要拡大がかぎを握っています。二〇一四年四月には三%の消費増税が待ち受けています。インフレターゲット二%が達成されれば、合わせて実質五%の所得減です。何としても手取り収入のアップが不可欠なのですが、経営側は、一度賃金を上げてしまうと戻すのが困難になると、警戒感を緩めません。だがそれでは景気回復の腰を折ってしまうのです。

しかしある弁護士さんが、思わぬ秘策を授けてくれました。今、不払いの残業代を請求する訴訟が増えているのだそうです。これを景気拡大につなげることができないかというのです。長引くデフレでサービス残業は常態化しています。一〇時間、二〇時間は当たり前で、月に一〇〇時間以上もサービス残業をさせている会社は、私が知るだけでもずいぶんあります。

政府が「サービス残業はダメ。払いなさい」と宣言する。それだけで給料が大幅に増えるはずです。消費増税分とインフレ転換の負担増ぐらい補って余りある効果が期待できます。そもそも大企業には、三〇〇兆円もの内部留保があるのです。

残業代支払いの徹底は給与増にはつながらず、帰宅時間を早めるだけではないかという意見もあります。でもそれならばそれでいいのではないでしょうか。日本の長時間労働とワークライフバランスが改善され、家族との時間が増えます。そして余暇の充実と余暇消費の拡大を通して、足下がしっかりとした経済成長がもたらされることになるのです。

〈東北地方の復興〉に問われる日本の覚悟

東日本大震災から三年近くたつのに東北地方の復旧がまるで進んでいません。阻んでいる最大の要因は原発事故です。生産設備が戻って商品を販売しても風評被害でなかなか買ってもらえないのです。雇用も生まれず、被災者はふるさとに帰ることもかないません。

　東京電力は非難されて当然ですが、原発政策を推進してきた政府の責任は極めて大きなものです。そしてまた、安全神話を信じ、原発のエネルギーを利用してきた国民全体の罪でもあります。私たちには、被災地が完全な復興を成し遂げるまで応援をし続けなければならない責務があるのです。これまでの復興策がうまくいかなかったのだから、次々と新しい手立てを講じていくべきでしょう。私は次の三つの方法を提案しています。

　一つ目は、東北地方の高速道路の無料化です。二〇一一年一二月から実際に行われて実績を上げていたのですが、わずか四か月で打ち切られてしまいました。財源不足がその理由ですが、東北地方の高速道路無料化に関わる経費は四か月で二五〇億円、平年ベースで七五〇億円。二〇兆円の復興予算から見ればどうということのない額です。無料化は観光振興にも大きく貢献します。なぜ打ち切ったのか不思議でなりません。

　二つ目は、首都機能の移転です。国会と中央官庁をすべて福島県に移すのです。地方自治体の首都事務所も建ち並び、企業も集まってきます。被災地復興の大きな原動力となるばかりか、汚染に不安を感じている世界に対して、日本の姿勢をアピールすることにもなるのです。

当然、費用がかかります。首都機能移転審議会の推計によると、首都機能移転には一二兆三〇〇〇億円程度の費用が必要です。しかしそのうちの公費負担は四兆四〇〇〇億円で済みます。景気拡大の増収分で十分に吸収可能な額です。

三つ目は、消費増税の据え置きです。東北地方だけ八％に上げず、五％のままに据え置くのです。不公平だと批判をする人もきっといるでしょうから、一応触れておくと、東北地方の対全国ＧＤＰシェアは六・四％。据え置いても減収は八四〇〇億円にすぎません。消費増税による増収効果が一三兆円から一二兆一六〇〇億円に減るだけで、被災地の困窮を思えば、これもまたどうということのない額なのです。

また一地域だけ消費税が違うと、さまざまな問題やトラブルを招くのではという反対意見が出るかもしれません。しかし例えばアメリカでは、小売売上税の税率は州によって違っていますが、混乱なく経済は回っているのです。もちろん小売売上税の低い州から通販で購入するということはあるのですが、それが現在の東北地方で起きてもかまわないでしょう。むしろ復興につながります。

以上は私見ですが、これぐらい思いきった策を打ち出さないと、東北復興はかなわないと考えます。日本の覚悟が問われていると言えるのです。

〈TPP参加〉で日本は米国化へ

安倍総理は二〇一三年二月二二日にワシントンで行われた日米首脳会談で、TPP交渉参加にあたって「すべての関税を一方的に撤廃することを求められるのではない」との譲歩を、オバマ大統領から引き出しました。これで選挙公約は形のうえでは果たされ、交渉参加表明の段取りが整ったわけですが、実は安倍総理がオバマ大統領から引き出したかったいちばんの譲歩とは、アベノミクスの金融政策を認めてもらうことでした。

異次元の金融緩和による円安ドル高は、ドル安政策を進めてきたアメリカにとって簡単にのめることではありません。しかし「支持する」との譲歩を得たのです。もちろん代償があります。それが、アメリカが執拗に望む日本のＴＰＰ交渉への参加と沖縄普天間基地の辺野古への移設だったのです。

ＴＰＰ参加となれば、関税の問題にとどまらず、日本の経済、社会システムまで、米国型への転換を迫られます。しかし金融緩和によって景気を上げて参院選を乗り切りたい安倍総理は、ＴＰＰの本質に触れることを避け、記者会見でも批判をすり抜けてしまいました。日本を変貌させてしまう重大な問題を金融緩和と引き替えにしたツケはあまりに大きく、私たちは子々孫々にわたって、そのツケを払い続けていかなければならなくなるのです。

〈解雇規制緩和〉で失業者は増大する

二〇一三年三月二八日に規制改革会議の雇用ワーキンググループの初会合がありまし

た。そこで正社員の解雇の基準を明確化する方針が議論されました。

例えば、解雇の無効判決が出ても、金銭解決によって労働契約を終了したとみなすという案なども議論されています。つまり、不当解雇であっても手切れ金を支払えば済まされるというものです。

現在の日本の解雇規制は厳しいのでもっと簡単に解雇したいという考えは、経営側には常にあります。しかし規制を緩めれば、国の経済に大きなマイナスを招きかねません。北欧諸国の経験がそれを証明しています。

二〇〇八年のリーマン・ショック前の二〇〇七年、デンマークとオランダの失業率はそれぞれ三・四%、三・一%でした。当時フランスやドイツの失業率が七%台、日本でも四・〇%だったことを考えると、その優等生ぶりは際立っています。一人当たりのGDP、所得水準も、日本の三万三三四二ドルに比して、デンマークが三万七七〇三ドル、オランダが四万七一四ドルと高いものでした。

産業構造の変化に柔軟に対応できる、いわゆる労働市場の流動性が、二国の高成績をもたらしたといわれています。しかしその方法は、両国で大きく異なっています。デンマークは安倍政権が進めようとしているのと同じ考え方で、解雇規制を大幅に緩和することで流動性をつくりました。かたやオランダは厳しい解雇規制は維持したまま、正社員とパートタイマーの労働条件の統一を図ることで、転職しやすい環境を構築したのです。

そしてリーマン・ショック翌年の失業率はデンマークが六・〇％と落ち込んだのに対し、オランダは三・七％でとどまりました。オランダと同様に解雇規制が厳しい日本は五・一％。また経済成長に於いても、リーマン・ショック翌年の成長率は、デンマークがマイナス五・七％、オランダはマイナス三・七％でした。これらの事実は多くのことを示唆しています。

いずれにせよ、解雇ということでは、次のように言えるでしょう。「好景気下では規制が緩やかでも失業率は上がらない。しかし景気が悪くなると規制がなければ失業率は一気に上がる」。

解雇を雇い主の思うがままにすれば、不況時には当然失業者が増大し、失業者は仕事がないから経済がいっそう縮小する悪循環を招きます。そしてその損失は、簡単には取り戻すことはできません。解雇規制緩和は軽々に扱ってよいものではないのです。大きく経済をとらえ、慎重が上にも慎重に考えるべきことなのです。

〈日本維新の会と憲法第九条〉――軍備を持たなければ平和は守れないのか

二〇一三年三月三〇日、日本維新の会が新しい綱領の要旨を決定しましたが、基本となる考え方に、私は驚きました。「日本を孤立と軽蔑の対象に貶め、絶対平和という非現実的な共同幻想を押し付けた元凶である占領憲法を大幅に改正し、国家、民族を真の自立に導き、国家を蘇生させる」。

つまり、戦争放棄と軍備の保有禁止を盛り込んだ現行憲法は幻想であり、そのために日本は世界から軽蔑され、孤立している。だから憲法を大幅に改正するということなのです。

しかし私はこれまで、外国の人から、軍備を放棄している日本の憲法を理想的な条文だとほめられたことはあれど、非難されたことは一度もないのです。確かに人類は戦争をなくすことは一度もできていません。だからといって憲法が掲げるべきは社会の理想であって、現実ではないはずです。

軍備を持たなければ平和を守れないという考え方が、一定の支持を受けていることは知っています。日本維新の会はそれを明確に打ち出したということです。しかし日本維新の会を支援してきた人たちは、はたしてそれを第一に願っていたのでしょうか。多くの人は、大阪で蔓延していた悪しき役人天国に大胆にメスを入れ、民間の活力をみなぎらせていこうという理念に共鳴したのではないでしょうか。

実際、二〇一二年八月につくられた維新八策では、「憲法9条を変えるか否かの国民投票」が明示されていたのです。それが冒頭のような文言へと変わってしまいました。日本維新の会はおそらく、これから自民党と手を組んで憲法改正に強力に突き進んでいくのでしょう。

〈沖縄の基地返還計画〉は合意と言えるものなのか

二〇一三年四月五日、沖縄の嘉手納以南の六つの基地返還計画が、日米で合意されました。

しかしすべての返還時期に「〇〇年度またはその後」という留保が付いていることをご存じでしょうか。どう読んでも、「いつ返還するかはわからないが、少なくとも〇〇年度までは返還しない」としか思えないのです。これは合意と呼べるものでしょうか。

つまり政府は何ら成果と言えるものは手にできなかったのです。一九九六年と二〇〇六年の返還協議では、実現されなかったものの、具体的な返還期限が明示されていました。今回は敗北でしかないのです。

TPP交渉参加も、内実は同じでしょう。最後発の参加だから不利な条件をのまざるを得ないのは仕方ないのだ、というのは言い訳でしかありません。今回の基地返還計画合意が如実に示すように、日米交渉をすれば、日本はアメリカにまったく歯が立たないということなのです。それが現実です。ＴＰＰ交渉参加表明で、安倍総理は、絶対に勝てないけんかに自らを追い込んでしまったのです。

〈憲法改正〉は暗黒時代に逆戻りする愚行

長嶋茂雄氏と松井秀喜氏への国民栄誉賞表彰式が、五月五日に東京ドームで行われ、安倍総理が96という背番号を付けたユニフォーム姿で登場しました。

この数字には、第九六代の内閣総理大臣という意味ともう一つ、憲法九六条の改定に取り組む決意を示したという意味があります。そんなつもりはないと言うのかもしれませんが、改憲が何かと取りざたされているなかでの行動です。国民栄誉賞を利用したパフォーマンスに、違和感や反発を持った人は少なくないはずです。

憲法第九六条とは、憲法改正の手続きについて定めた条項です。改正は、衆参両院の三分の二以上の議員の賛成で発議でき、国民投票によって有効投票の過半数の賛成があれば実現します（＊全文を左ページに掲載）。

自民党と安倍総理は、ともかくまずは発議の条件である三分の二を過半数にしようとしています。三分の二ではなぜだめなのか。それは自民党が考えている憲法の中身が、とてもではないが、三分の二に及ぶ国会議員の賛成を得られるようなものではないからです。

自民党はすでに憲法草案を固めています。そこでは第九条（＊全文を左ページに掲載）を改定して国防軍を創設、侵略戦争は放棄するものの、自衛のためには戦争をするとしているのです。

もっと怖い条文もあります。例えば「国防軍に属する軍人その他の公務員がその職務の実施に伴う罪又は国防軍の機密に関する罪を犯した場合の裁判を行うため、法律の定めるところにより、国防軍に審判所を置く」とあるのです。軍事裁判所の創設です。軍人は、一般国民とは別の法廷で裁きますというわけです。内輪だけの裁判がどれほど軍部の暴走を許すことにつながるのかは、歴史が十分すぎるほど教えてくれたはずです。

■憲法第九六条と第九条

憲法第九六条 〔憲法改正の発議、国民投票及び公布〕

一 この憲法の改正は、各議院の総議員の三分の二以上の賛成で、国会が、これを発議し、国民に提案してその承認を経なければならない。この承認には、特別の国民投票又は国会の定める選挙の際行はれる投票において、その過半数の賛成を必要とする。

二 憲法改正について前項の承認を経たときは、天皇は、国民の名で、この憲法と一体を成すものとして、直ちにこれを公布する。

憲法第九条 〔戦争の放棄と戦力及び交戦権の否認〕

一 日本国民は、正義と秩序を基調とする国際平和を誠実に希求し、国権の発動たる戦争と、武力による威嚇又は武力の行使は、国際紛争を解決する手段としては、永久にこれを放棄する。

二 前項の目的を達するため、陸海空軍その他の戦力は、これを保持しない。国の交戦権は、これを認めない。

まだあります。「公益及び公の秩序を害することを目的とした活動を行い、並びにそれを目的として結社をすることは、認められない」。これを、わかりやすく翻訳するとこうなります。「表現の自由は、公益及び公の秩序を守る場合にだけ認められる」。つまり、表現の自由に制限を加え、政権を揺るがすような批判は許さない。権力を批判しないという条件をのめば表現の自由を認めましょうということです。

戦後の日本がすばらしかったことの一つに、表現の自由が保障されてきたということがあります。私が政府批判をいくら繰り返しても、これまでに出版差し止めや逮捕、拷問を受けるなどは、いっさいありませんでした。

自民党の憲法草案がこのまま憲法として成立するようなことがあれば、日本の時計の針は大きく巻き戻され、治安維持法の暗黒時代が再現されることになります。国民は決してそんな日本であることを望んでいないはずなのに。これだけ大きな問題があるにもかかわらず、九六条改定は実現してしまうのではないかと私は心配しています。

公明党が与党から転落するのを恐れて賛成に回る可能性があり、改憲に前向きな民主党の前原氏のグループや野田氏のグループが賛成に回ることも十分にありうるからです。そうなったら一気に憲法の全面改定に向けた動きが加速します。九六条改定はそのための突破口となるのです。

〈労働規制改革〉によってサラリーマン安定時代は消滅する

安倍総理が成長戦略の中核とする規制改革実施計画が、二〇一三年六月一四日に閣議決定されました。わかりにくい文言ばかりで、ニュースも詳しくは伝えませんでしたが、実は大変な改革が実施に向けて検討されているのです。

身近な労働分野で見てみましょう。大きく四つの規制緩和があります。「ジョブ型正社員の雇用ルールの整備」「企画業務型裁量労働制やフレックスタイム制等労働時間法制の見直し」「有料職業紹介事業の規制改革」「労働者派遣制度の見直し」です。一つ目の「ジョブ型正社員――」については44ページでふれたので、ここではほかの三つについて要旨を説明します。

「企業業務型――」は中身がまだよくわからないのですが、おそらくホワイトカラー・エグゼンプション（＝管理職一歩手前のホワイトカラー労働者に対し、役職手当を付与する代わりに、労働時間規定の適用を免除する制度）を念頭に置いていると思われます。二〇〇六年の第一次安倍内閣のときにも検討されたものなのですが、無制限に働かされるうえに残業代も支払われない、過労死促進制度だと、非難を浴びて立ち消えとなった経緯があります。これがまた復活したのです。

三番目の「有料――」についてはこう説明されています。「民間の職業紹介事業者が、求職者から職業紹介手数料を徴収できる職業の拡大についての検討をする」。つまり、これまでは求人側の企業が職業紹介の費用を負担してきたのですが、これからは、場合によっては、お金がないとまともな転職ができなくなるということです。

そして「労働者派遣制度――」。専門二六業務を除いて三年間と限定されている派遣の上限期間を、個人単位に変えようとするものです。個人単位になるとはどういうことかというと、同じ業務をずっと派遣労働に置き換えることができるようになるということです。

こうした規制改革の方向性を見ていてははっきりわかることがあります。それは、もはやサラリーマンの安定というものは消滅し、エリート正社員すらも安心していられない時代がやってくるということです。サラリーマンはだれもかれもが、過労死するまでの滅私奉公を強いられるのです。

PART2　二〇一三年・平成二五年——後半

月日	ニュース・出来事
7月21日	**第23回参議院議員選挙**
23日	マレーシアで開催されているTPP交渉会合に日本が初参加
26日	**日本郵政とアフラックが、がん保険の業務提携で基本合意**

8月

5日　国際通貨基金は、アベノミクスにより景気見通しが「著しく改善している」と評価（日本経済に関する2013年の年次審査報告書）

8日　内閣法制局長官に小松一郎駐仏大使が決定

9日　6月末時点で国の借金が1000兆円を突破（財務省発表）

28日　東京電力福島第一原子力発電所のタンクからの汚染水漏れで、原子力規制委員会はトラブルの深刻さを示す国際原子力・放射線事象評価尺度（INES）をレベル3（重大な異常事象）に引き上げると発表

9月

1日　北海道電力、東北電力、四国電力が、電気料金を値上げ

4日　最高裁が婚外子（非嫡出子）相続差別は「違憲」と判断

7日　IOC総会に於いて東京が2020年夏季五輪開催都市に決定

10月

1日　安倍首相が来年4月から消費税率を8％に引き上げる決定を発表

16日　伊豆大島で大規模な土石流災害。死者35人、4人が行方不明に

23日　中国が、尖閣諸島の上空を含む東シナ海に防空識別圏を設定したと発表

11月

27日　改正高校無償化法が参議院で可決成立、年収910万円以上を対象外に

12月

6日　国家安全保障会議（日本版NSC）設置法案が参議院で可決、成立
安全保障に関わる機密を漏洩した公務員らを罰する特定秘密保護法案可決、成立

19日　猪瀬都知事、徳洲会グループから5000万円を受領した問題の責任を取り辞表提出

26日　就任1周年を迎えた安倍首相が靖国神社に参拝。米国は「失望」と表明

27日　沖縄県の仲井真知事が名護市辺野古の埋め立て承認を表明

〈参院選と安倍政権〉――幕を開けた超格差社会

新聞各紙が参議院議員選挙を前にした世論調査を発表。いずれも自民党の独り勝ちを伝えています。いよいよやりたい放題の三年間が始まります。これから推進されていくだろ

う気がかりなことを並べてみます。

まずは改憲への動きがあります。そして庶民増税と大企業や富裕層への減税。限定正社員への解雇規制緩和による解雇の容易化と、派遣労働者の期間制限撤廃による労働者の二極化。ホワイトカラー・エグゼンプションの導入による正社員の過重労働。TPP参加による日本農業の壊滅。地方交付税の圧縮による地方経済の疲弊……。きりがありません。小泉政権時代がもたらした格差社会は、安倍政権がバトンを引き継ぎ、今度は超格差社会へと変貌します。

第三の矢、成長戦略は、その成長の成果を金持ちや大企業、また外資に独占させるための政策です。庶民の貧困化の上に成り立つ成長ですから、成長が庶民に回ってくることはあり得ません。国民の多くは、勝ち負けの論理が著しく際立つ弱肉強食の経済政策なぞには当然反対のはずです。それなのに第三の矢が受け入れられているのは、第一、第二の矢による景気高揚感にごまかされて、その本質に気づいていないからです。

私たちがやらなければならないことは、これから起きることを、何か変だなとかおかしいなと思うことを、できる範囲で、しっかりと周囲に話すことです。庶民に深く考えられたり疑問を持たれることを、為政者は最も恐れます。民主党までが成長戦略に追随する今だからこそ、そのことをこれまで以上に肝に銘じる必要があるように思います。

〈参院選と民主党〉――党再生は右派六人衆との決別にあり

二〇一三年七月二一日に行われた参議院議員選挙は予想どおり、民主党の壊滅的敗北でした。本来ならばＴＰＰ反対、消費税引き上げ反対、原発再稼働反対、平和憲法維持というのが、民主党が掲げるべき政策だったのですが、それが正反対で、ＴＰＰ賛成、消費税引き上げ賛成、原発再稼働賛成、憲法改正。自民党とどこが違うのかというもので、支持の受けられようもないのです。

特に消費増税方針堅持は決定的な問題でした。そもそも民主党政権の衰退を招いたのは三年前の参議院議員選挙の前に、当時の菅直人首相が突然消費税引き上げを打ち出したことがきっかけでした。民主党は二〇〇九年の衆議院議員選挙で「増税の前にやることがある」と徹底的な行政改革を掲げて政権を奪取しました。ところが、国民の信を問うことなしに消費増税をしようというのですから、国民に対しての明らかな裏切りです。その結果、民主党は参院選に大敗、衆参ねじれを招いてしまったのです。

民主党はこの段階で、消費税増税案を撤回すべきでした。ところが後継の野田佳彦総理は、こともあろうに自公と手を組み、消費税増税法案を成立させてしまったのです。二〇一二年末の衆議院議員選挙での惨敗は必然の結果でした。

そうしたことを積み重ねてきての七月の参院選です。民主党は自公との約束どおり、消費税増税を既定路線として突き進みました。ところが安倍総理は、「四月から六月のGDP統計などを踏まえて政治判断をする」として、消費税引き上げの態度を明確にしなかったのです。国民の目には、自民党は消費税引き上げを慎重に考えているかのように映りました。民主党は消費増税に突き進む先兵役を担わされてしまったわけです。

民主党の細野幹事長は辞表を提出。海江田代表の辞任を求める声も党内には広がりました。

■ 衆議院議員選挙の投票率推移

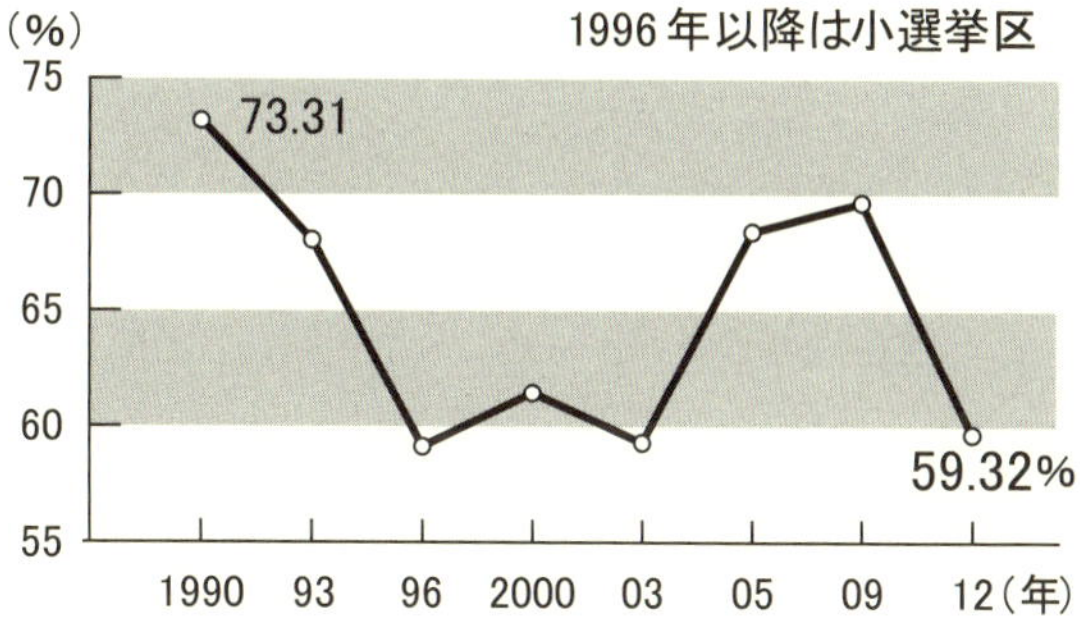

■ 参議院議員選挙の投票率推移

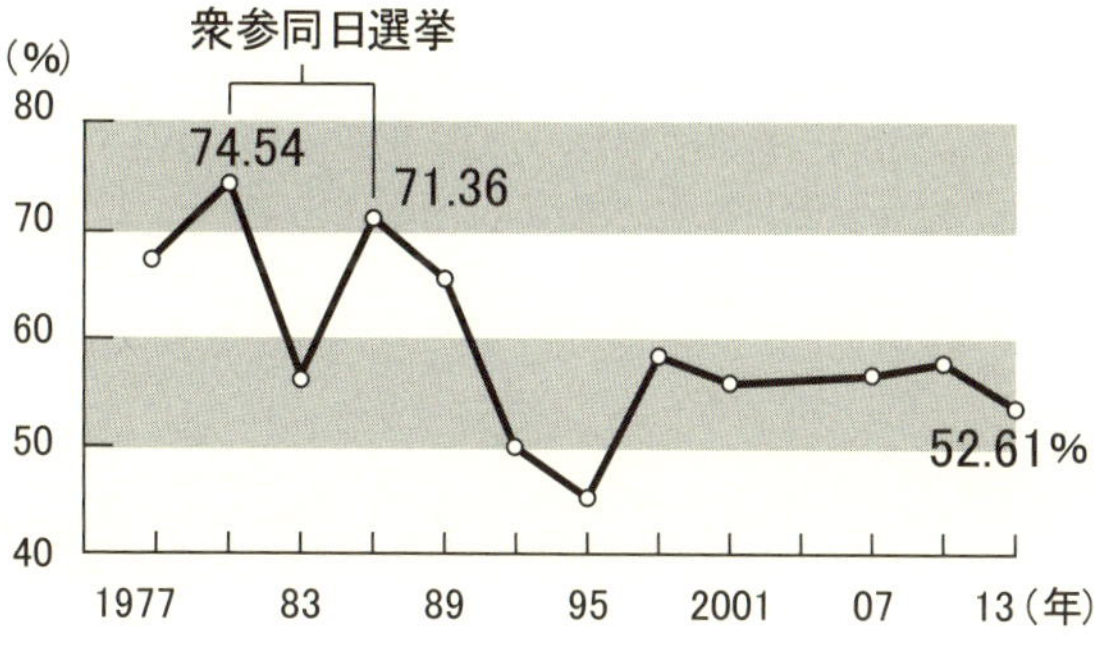

しかし問題は、民主党の政策を右傾化させた右派の面々なのです。具体的に言えば、野田佳彦、岡田克也、玄葉光一郎、安住淳、枝野幸男、前原誠司という民主党六人衆と呼ばれる人たち。彼らこそ、確信犯的に民主党の退潮傾向をつくった張本人です。今回の選挙で、野田氏を除く五人の地元選挙区で民主党が議席を失ったことが、彼らが支持を得ていないことの証《あかし》です。

彼らは今回の選挙では表に出ませんでした。敗北がはっきりしているのに、前面に立てば責任を取らされるからです。しかし六人衆が居座り支配を続けるかぎり、民主党はいつまでも浮かび上がれないでしょう。党再生のためには、彼らを党外に出すことが不可欠なのです。

最良で真っすぐな方法があります。それは、今すぐに、憲法九条を守り、基本的人権を最優先するという、民主党の憲法草案をつくることです。この草案を党として決定できれば、思想の異なる右派六人衆は出て行かざるを得ません。これまでの体制が続いていたら、民主党は次の衆院選で消滅してしまいかねません。

〈日本郵政とアフラックの提携〉――アメリカから日本の産業を守れるか

日本郵政とアメリカ保険大手のアフラック（＝アメリカンファミリー生命保険）が七月二六日、がん保険の業務提携で基本合意しました。日本郵政は、この合意はＴＰＰ交渉とは無関係で、政府からの圧力はないと語りました。しかし提携発表があまりにも突然で不自然なため、その言葉を鵜呑みにする人はほとんどいません。

まずは四月に決着したＴＰＰ交渉に向けてのアメリカとの事前協議です。アメリカが日本郵政傘下のかんぽ生命の新規事業拡大に強硬に反対したため、日本政府は、日本郵政から申請されていたがん保険を含む第三分野の保険業務への進出を凍結する方針を示していたのです。

実は、かんぽ生命は、独自のがん保険の販売を目指して、二〇〇八年に日本生命と業務提携していました。それが突如、アフラックにパートナーを替えたのです。日本生命との提携も継続するとしているものの、日本のがん保険市場で七割のシェアを持つアフラックと提携したのですから、五年をかけてきた日本生命との業務関係は縮小していくでしょう。

アフラックの態度も疑念を招くものです。公的資本で運営されているかんぽ生命のがん保険参入は民業を圧迫するもので不公平だと、国内保険会社も、そしてアフラックに代表される外資も、徹底して反対の論陣を張ってきたのです。それが寝耳に水ともいえるこの提携合意です。強大な販売網を持つ日本郵政と業界のガリバーが手を組めば、他社は太刀打ちできません。

そもそも最初に日本でがん保険を発売したのはアフラックでした。その後、日本の大手保険会社も開発を急ぎましたが、政府は、外資と中小の生保にだけしか発売を認めませんでした。やがて日米協議を経て国内大手保険会社の参入も許されたのですが、すでにアフラックの日本に於けるがん保険の地位は揺るぎのないものとなっていて、それがシェア七割という数字に表れているのです。

なぜそんなことになったのかというと、八〇年代に日米自動車摩擦が激化したとき、日本がアメリカへの自動車輸出を確保するため、その見返りとして、がん保険市場をアメリカに差し出したという見方が有力です。

七月の業務提携にも同じ構図が透けて見えます。つまり、TPP参加交渉でコメや麦など重要五品目を聖域として守りたいがため、アメリカに、郵政のがん保険市場を差し出したのではないかということです。しかも、TPPで混合診療解禁となれば、医療保険の市場は、極めて巨大なものになると予測されています。その分野でも、日本郵政と手を組んだアフラックが圧倒的なシェアを握る可能性が高まったのです。

こうして見てくるとよくわかるのではないでしょうか。TPP参加交渉というのは、自由な競争市場をつくろうとする交渉などではないのです。実態は、利権を確保しようとするアメリカから日本の産業をいかに守るかという交渉なのです。

四月の日米首脳会談で、安倍総理は米国が日本車に関わる関税を相当な期間続けることを受け入れました（79ページ参照）。それに続いてがん保険市場の譲歩です。これで重要五品目を聖域とすることが認められればまだしもですが、もし何も守れなかったとしたら、アメリカに貢ぎ物を捧げただけということになります。私は、そうしたまさかの事態が進行しているのではないかと、心底危惧しているのです。

平和憲法を瓦解させる〈集団的自衛権の行使〉

政府は二〇一三年八月八日、集団的自衛権行使に前向きとされる小松一郎駐仏大使を内閣法制局長官とする人事を決定しました。内閣法制局はこれまで「集団的自衛権の行使は憲法上認められない」との憲法解釈を堅持してきたのですが、今回の人事で見直される可能性が出てきました。参院選が狙いどおりに終わり、宿願を達成するため、いよいよ安倍総理が動き出したわけです。

集団的自衛権とは、同盟国が攻撃されたときは、自国が攻撃されていなくても同盟国と共同して反撃できるという安全保障上の権利です。簡単に言えば、アメリカが戦争をしたら、日本もアメリカの味方をして戦争に加わることができるということです。しかし日本国憲法は交戦権を認めていません。どこをどう解釈してもそのような戦争ができようはずがないのですが、安倍総理と自民党はそれを強行突破しようとしているのです。

集団的自衛権というものがクローズアップされるようになったきっかけは、一九九一年の湾岸戦争でした。このときアメリカは日本にも参戦を求めたのですが、当時の自民党海部政権は今の憲法では自衛隊を派遣できないとして断り、その代わりに一兆円を超す戦費の負担をしたのです。

その後もアメリカは軍事面での参加をずっと日本に求め続けてきました。そしてついに、集団的自衛権行使に前向きな安倍第二次政権が誕生しました。アメリカの要求をかなえるべく、一気に行使容認へと突き進もうというわけです。

集団的自衛権行使となれば、例えば、ある国が日本上空を越えてアメリカにミサイル攻撃をしかけたとき、自衛隊は率先してそのミサイルを撃ち落とすということになります。しかし、戦力の不保持も規定する憲法九条によって、防衛のための装備しか持たない現在の自衛隊には、それは不可能です。憲法九条を改定しないかぎり、攻撃を目的とする装備を持つことはできないのです。

七月二九日、東京で開かれたシンポジウムで、麻生太郎副総理は改憲に関する発言でナチスを引き合いに出し、その内容がナチス政権を賛美するものだと批判を浴びました。麻生副総理は発言を撤回しましたが、憲法改正を冷静に議論すべきだという自分の本来の主張を無視して発言の一部だけを切り取って報道したと、メディアを強く批判したのでした。

実際、麻生副総理は、「憲法改正は静かに、みんなでもう一度考えてください」と語っています。そして国民的熱狂のなかでは選挙という民主的な手続きを経てもヒトラーのような独裁者は生まれうるという論旨では、ヒトラーを否定的に捉えてはいます。しかし、こうも発言しています。

「憲法は、ある日気づいたら、ワイマール憲法が変わって、ナチス憲法に変わっていたんですよ。だれも気づかないで変わった。あの手口学んだらどうかね」

橋下徹大阪市長が評したように、これが行きすぎたブラックジョークだったとしても、口に出していいことと悪いことがあります。憲法改正をするには、ナチスの手口を学べと明確に言っているのですから。どう繕っても言い訳はできないでしょう。

麻生氏は、そもそも根本的な理解を誤っているのです。ナチスによってワイマール憲法が、冷静に、民主的に、いつの間にか改正されたなどという事実はありません。ナチスは、国会議事堂放火事件を利用して、立法権を一時的に内閣に付与する法律を成立させ、ワイマール憲法を事実上停止したというのが正しい理解です。つまりワイマール憲法は改正されたのではなく、どさくさ紛れに凍結、有名無実化されたのです。それも麻生氏が否定する喧噪のなかで。

靖国参拝問題についても麻生副総理は事実誤認をしています。「昔は静かに行っておられました。各総理も行っておられた。いつから騒ぎにした。マスコミですよ。いつのときからか、騒ぎになった。騒がれたら、中国も騒がざるを得ない。韓国も騒ぎますよ」。

まるでマスコミのせいで靖国問題が出てきたと言わんばかりです。しかし日本のメディアや中国、韓国が騒ぎ始めたのは、靖国神社がA級戦犯を合祀してからなのです。靖国参拝問題の本質は、はっきりしています。戦争で国のために命を落とした人と、戦争を命じた人を一緒に祀ってよいのかということです。

さらに、麻生氏の発言には、次のようなものがありました。メディアはあまり触れていないようですが、私は大きな問題があると考えています。

「若い人の意識は、今回の世論調査でも、二〇代、三〇代のほうが、極めて前向き。いちばん足りないのは五〇代、六〇代。ここにいちばん多いけど。ここが一番問題なんです。私らから言ったら、何となくいい思いをした世代。バブルの時代でいい思いをした世代。

ところが、今の二〇代、三〇代は、バブルでいい思いなんて一つもしていないですから。記憶あるときから就職難。記憶のあるときから不況ですよ。この人たちのほうが、よほどしゃべっていて現実的。五〇代、六〇代、いちばん頼りないと思う」

五〇代を代表して言わせてもらいます。私たちが平和憲法を必死に守ろうとするのは、幼い頃にはまだ戦争の記憶が濃厚に残っていたからです。戦争を経験した親たちはその悲惨さを話してくれました。復員兵も傷痍軍人さんもまだたくさんいました。そうしたなかで、子どもながらにも戦争はしてはならないことだと胸に刻んだのです。今日の若者が威勢のよいことを言うのは戦争の記憶が薄れてしまっているからです。しかし、実際に戦地に赴くのは若者です。政治家はいくさには行かないのです。

湾岸戦争のとき、当時の海部俊樹総理は、自らの戦争体験をかみしめ、戦争を二度と繰り返してはならないと考え、自衛隊の参戦を拒否しました。今、そうした認識と覚悟のない人たちが、アメリカに追随し日本を戦争に巻き込もうとしているのです。世界で最も凶暴で、戦後最も戦争を繰り返している国はアメリカです。このまま突き進んだら、平和を守るどころか、日本は再び焼け野原になってしまいます。

〈東北の復興〉のために首都機能を福島へ移せ

広島に原爆を投下した爆撃機には、科学観測機と写真撮影機が続いていました。また広島にはウラン型、長崎にはプルトニウム型と、異なったタイプの原爆が使われました。しかも原爆の効果を正確に知るために、通常の空爆は中止されていました。そして終戦後、日本に進駐したアメリカ軍は、真っ先に広島と長崎に入って被害の実態をつぶさに調査しました。

つまり広島と長崎への原爆投下は、アメリカが行った、新型大量破壊兵器の壮大な人体実験だったのです。そして今、似たようなことが福島県で繰り返されているように思えてなりません。

八月三〇日付の毎日新聞によれば、政府は、東京電力福島第一原子力発電所事故の被災者を救済するための「子ども・被災者生活支援法」の対象地域を、放射線量の基準を示さずに、三三市町村に限定するという基本方針をまとめたとありました。

この法律は、被災者の自主的な判断による避難を支援し、避難する権利を定めるものです。避難指示区域とされているのは、放射線量が年間二〇ミリシーベルト以上の地域です。一般人の年間被曝量の限度が一ミリシーベルトですから、支援法の対象地域を決めるなら、年間一ミリシーベルト〜二〇ミリシーベルトの地域の住民とするのが、わかりやすく納得がいくものなのです。ところがそれだと対象地域が大きく広がってしまいます。コストがかかりすぎると判断して、放射線量の基準を示さずに、行政区域単位とする方法を選んだのでしょう。

これで避難の権利が大幅に制限されてしまいました。しかも政府は、県外への避難者向けの民間住宅家賃補助の新規受付は認めず、放射線量の高い福島県中通り地域での公的賃貸住宅整備に乗り出すのだそうです。つまり福島への定住促進策を進めるわけです。

事故から二年半たってはっきりしたのは、除染には限界があるということです。放射性物質を隅々まで取り除くことは容易ではありません。不安が払拭されない現状のなかでの定住策は、原発周辺地域の住民を使って低線量被曝による人体への影響を、政府として検証しようとしていることに他ならないのではないでしょうか。一方、年間二〇ミリシーベルト以下の被曝であれば、人体への影響はないと政府が断定したと理解することもできます。それならそうと明確に公表すべきです。しかしその場合には、一ミリシーベルトという一般人の被曝限度とどう折り合いをつけるつもりでしょうか。

もし政府が福島定住策を進めるのであれば率先垂範、真っ先に国会と霞が関の官庁を福島県に移転すべきです。そして宣言するのです。「福島は安全です。放射線量が高い地域も、避難指示区域以外は健康に何の問題もありません。だから、我々はこの地に骨を埋める覚悟です」と。それならば国民も納得します。この私の提案は一顧だにされないでしょう。しかし、首都機能移転は、福島復興に極めて大きな貢献ができる名案なんです。

少し乱暴な計算をしてみます。原発事故の避難者を二〇万人として、一人年間一〇〇万円を支援したとすると、合計で二〇〇〇億円。五兆円もある国家公務員人件費を四％下げるだけで、十分にまかなえる数字です。原発事故によって、東京電力は一般社員の年収を二〇％カットしました。東京電力の利用者は電気料金を二八％も引き上げられました。しかし、原発を推し進めてきた国家公務員は何も責任をとっていません。四％の給与カットぐらい、自ら申し出てもおかしくはないと思うのですが。

〈二〇二〇年東京オリンピック〉は日本文化を発信する絶好の機会

二〇二〇年のオリンピックは東京に決まりました。多くの関係者による努力の積み重ねがついに実を結んだことに、素直に敬意を表します。

オリンピックがもたらす経済効果について、招致委員会では三兆円という数字をはじいています。ただし、これは波及効果も含めた生産額（＝売上に相当）の合計です。付加価値（＝粗利に相当）の増加額は、一兆二〇〇〇億円で、GDPのわずか〇・二％です。しかも、この効果が二〇二〇年までの八年間にわたって出てくるので、経済成長率を直接引き上げる効果としては一年当たり〇・〇三％と、非常に小さい数字になってしまいます。

そのわけは、ほとんどの競技会場を半径八キロメートル内にコンパクトに収めるため、全体の投資額としては大きなものにならないからです。単独で大きな投資と呼べるのは晴海に造られる大規模な選手村ぐらい。湾岸地区の競技場整備の規模は小さく、施設整備と道路整備を合わせた建築投資額は、三六〇〇〇億円程度と見積もられています。ちなみに長野オリンピックは約四〇〇〇億円でした。

低コストということは、直接の経済効果は小さいものになるわけです。しかし私は、二つの別なルートで、東京オリンピックが大きな経済効果をもたらすだろうと考えています。

一つ目は、気分です。デフレと震災で沈んでいた国民の気分が高揚し、消費が盛り上がるはずです。消費は三〇〇兆円の規模ですから、消費性向が一%上がれば三兆円の消費を生みます。しかもオリンピック開催まで継続するわけですから、とても大きな効果が見込めます。

二つ目は、日本文化を発信するこのうえない舞台ができたということです。一九六四年の東京オリンピックは、日本人の海外渡航が自由化された初年度でした。街で外国人の姿を見かけることはほとんどなく、外国人に出会うとサインを求めるような時代でした。外国文化に触れるというのが前回の東京オリンピックの役割でもあったのです。

しかし時代は変わりました。今は、日本からもどんどん文化を発信する時代です。政府も今度の東京オリンピックを、クールジャパンをアピールする舞台として考えているようです。成功すれば、日本製品やサービスに対しての海外需要が増えるので、中長期的にはけた違いに大きな経済効果をもたらすはずです。

私としては、クールジャパンの一つとして、オタク文化をぜひ世界に発信したい。秋元康氏を総合プロデューサーとし、ＡＫＢグループ、ハロプロやご当地アイドルなども参加して、オールオタクの文化を打ち出すというのはどうでしょう。

私は、五輪招致に成功したらメイド服を着て応援をするという公約を出しました。すでに衣装は用意してあるのですが、試着してみたらお腹が入らない。だから二〇二〇年までにダイエットして着られるようにするか、服のほうをリフォームするかしなければなりません。それくらいの投資は仕方がありません。日本文化を発信する舞台なのですから。

第三章

「超貧困」時代はこう歩く

1 庶民なればこその心構えがある

一章、二章と読んできていただいて、私が「超貧困時代の到来」を叫ばなければならないわけがよくわかっていただけたと思います。

何とも不幸な予測ですが、理不尽にもそういう社会へと日本は突き進もうとしています。さらには世界に誇る平和憲法までもが脅かされようとしているのです。

これから庶民の眼前には、ひたすらしんどい上り坂が続きます。下りはないものと覚悟しておいたほうがいいでしょう。

待ち受けているのは恐るべき格差や弱肉強食です。坂道をぼんやりと歩いていると、人生を楽しもうとする気持ちまで奪い取られ、遭難してしまいます。これからをどう歩いたらいいのか、私たちは徹底的に知恵を働かさなければなりません。

この章では、心構えや戦略、私が推奨するとっておきの節約戦術「セコロジー」など、新たなライフプランづくりに向けての実践的アドバイスをお届けしたいと思います。

まずは心構えからです。

ガンディーの非暴力・不服従で行こう！

利権と癒着と腐敗にまみれて肥大化する権力は強大です。庶民がやみくもに抵抗しても、権力を握っている人たちには痛くもかゆくもありません。ならばと徒党を組んで反抗すればすぐに報復され、生活までたやすく破壊されてしまいます。サラリーマンなら待ってましたとばかりに解雇通告が出されます。

庶民には庶民のやり方、心構えがあるはずです。

私は、そのヒントはガンディーにあると思っています。マハトマ・ガンディー（一八六九―一九四八）、暗殺によって倒れたインド独立の父です。よく非暴力・無抵抗と誤訳されますが、正しくは、非暴力・不服従。〈暴力は使わない、でも絶対に服従はしない〉――これがガンディーの思想です。

これをサラリーマンに置き換えるなら、責任をかぶることや顧客に嘘をつくことを命じたり、過酷なサービス残業を強いる横暴な経営者に対して、あくまでも個人として、解雇

わたくし言《ごと》❶

億万長者について考える

一人の人間が年間どれくらい働けるか考えてみます。産業革命のとき現場労働者は五〇〇〇時間働いたといわれています。一日一三時間〜一四時間。この過重労働の結果、たくさんの若者が命を落としました。実は私自身もここ数年それぐらい働いてきたので、年に五〇〇〇時間は限界だとわかります。

そこで、時給を高めに三〇〇〇円と仮定します。三〇〇〇円×五〇〇〇時間＝一五〇〇万円で、税金等が引かれ手取りは一〇〇〇万円程度でしょう。人並み外れた体力を持っていても、この働き方で三〇年は続きませんが、頑張れたとしてもやっと三億円。しかも一円も使わないという前提でです。つまり働くことでは億万長者になどなれないのです。

ある番組で「お金はいくらあっても邪魔にならない」と話した方がいました。確かにそのとおりなのですが、あまりたくさんあっても、実のある使い方などできないのではないでしょうか。

私は仕事上のつきあいで、にわかに大金持ちになった実業家から豪勢なパーティに誘われたり、一食一〇万円とかの食事をごちそうになったりして、彼らが何十億とかのお金を湯水のように使い果たす姿を見てきました。彼らは最後にようやく気づくんですね、いくらバンバン金を使っても幸せにはなれないんだって。

「そこそこに稼いで、ほどほどに生きる」というのが、いちばん幸せなことなんだと私は思うのです。

されない範囲で不服従に徹するのです。

こうしてみんながそれぞれのやり方で不服従を貫くようになれば、超格差化、超弱肉強食化作戦のために仕組まれた歯車は、必ずや狂ってくるに違いありません。

地域のみんなで豊かに幸せになる

実は私は長い間、貿易の自由化にも、製造業の機械化、近代化にも反対したガンディーは、経済がまるでわかっていない人だと思っていました。

ところが『ガンディーの経済学』（アジット・K・ダースグプタ著）という本を読んで、目からうろこが落ちました。ガンディーには、経済というものの本質がよく見えていたのです。

ガンディーが何を考え続けていたかというと、突き詰めると〈だれから助けたらいいのか〉ということです。ガンディーは悩み、〈自分の近くから助けよう〉〈自分の周りで苦しんでいる人がいたら手を差し伸べよう〉という確信に至るのです。

ただしガンディーは施しを勧めているのではありません。遠くの国の野菜ではなく、地元の村で採れたものを食べましょう、地元の人が作った道具を使い、服を着ましょうと、ガンディーは言っています。地域のなかで需要供給が回ることで地域みんなでそこそこ豊かになっていける、そのことを第一に考える。これが、自分の近くから、周りから助けるということです。

むやみに安い食料品を持ち込めば地域の農業漁業はつぶれてしまう、外国や都会の資本を安易に導入すると地域の所得を全部持っていかれてしまう……。だから貿易の自由化にも機械化にもガンディーは反対したのです。

これは、今ふうに言えば、地産地消です。グローバル化でＴＰＰ、いちばん安いところから買えばいいじゃないかというアベノミクスとは正反対の考え方と言えるでしょう。

秋葉原にもある地産地消の経済

このガンディーの考え方は、田舎じゃないと通用しないだろうというふうに思われるかもしれませんが、決してそうではありません。

例えば、秋葉原です。オタクが通い詰めてきます。彼らがフィギュアを買う、儲かったフィギュア店のおやじがそのお金でトレーディングカードを買いに行く、さらにフィギュア店主がそのお金を持ってコスプレ店で衣装を買い、コスプレ店のオーナーがそのお金でメイドカフェでお茶をする……というように、秋葉原内循環経済というものができ上がっているのです。

そういうふうに、資本家の策略を逃れたところで、みんなで幸せになるという輪を、知恵を絞って地域・エリアのなかで構築していく。これを新たなライフスタイルの指針の一つにしてみてはどうでしょう。勝ち負け至上主義を隅々まで行き渡らせようとする弱肉強食化路線に、不服従で闘う一つの手段になりうると私は思うのです。

中庸と教養は不服従につながるキーワード

ほどほどに稼いで、そこそこに生きるという意味での「中庸」というのも、不服従につながるキーワードです。

真ん中で良しとするのです。一緒に勝ち組に駆け上がろうなどという威勢のいい掛け声や陰謀に躍らされない、あるいは資本家の脅しに服従しない心構えが、これからの困難な時代から身を守ってくれます。

そのとき同時に、教養を持つことも必要です。

ただし、私の言っている教養とは、大学教授になるとかそういう意味での教養ではありません。自分はこれが好きなんだ、これがあれば満足なんだという、そういうもののことです。好きなこと、夢中になれることをたくさん持って、その喜びを深めていく。教養があれば、それが心の支えとなって、貧しくても、いくらでも楽しい人生を過ごせることでしょう。

老後を守る基地として死ぬまで雨露をしのげる家を確保する

一五年続いたデフレ時代の圧倒的な勝者は、実は高齢者でした。年金固定で物価は下がり続けたわけですから。

しかしこれからはそうはいきません。厳しい老後が待っています。特に女性は男性よりも長生きです。六五歳の女性が一〇〇歳まで生きる確率は六％もあるのですから、早い段階から真剣に備えなければいけません。新たなライフプランづくりが急務なのです。

まず第一に、老後の身を守る基地として、死ぬまで雨露をしのげる家を確保することです。賃貸でもいいのですが、できれば購入するべきです。ローンは確かに重荷ですが、それも払い終わるまでの我慢です。

現在、厚生年金のモデル年金は月額にしておよそ二三万円。そこから天引きで所得税や

わたくし言《ごと》❷

江戸川とよもぎ餅

子どもの頃、叔父がよく遊びに連れて行ってくれたのが、ご存じフーテンの寅さんのふるさと、葛飾柴又。私にとっても心のふるさとです。

昔ながらのたたずまいの店をのぞき、矢切の渡しで江戸川を渡り、広々とした河川敷を思いっきり走り回ったりしました。

草花についても叔父に教わって、よもぎをいっぱい採りました。やがてほかの草にも興味が湧き、それぞれ一つひとつに名前があり、花や実をつけることも知りました。世の中に雑草なんて存在しないのだと、自然に納得したことを覚えています。

帰ってからの楽しみが、よもぎ餅。叔父がつくってくれることもありましたが、祖母の家の隣にあった和菓子屋さんに頼むと、夕方に渡したよもぎが夜にはよもぎ餅になって届きました。できたての温かさとよもぎの香りを口いっぱいに頬張ったときの幸福感は、今も心に刻まれています。

お金はあまりありませんでしたが、今よりもずっと心豊かな暮らしだったように思えてなりません。

住民税、国民健康保険税などが特別徴収され、残ったなかから、高齢になってもずっと家賃を払い続けていくのは大変なことです。

年金の項（45ページ）でも触れたように、年金がいずれ今の三分の二まで落ち込めば、二三万円が一五万円です。丸々一五万円使えるのと、家賃八万円を引いた七万円しか使えないのとでは、老後の生活は劇的に違ってきます。家賃を払わなくていい家を持つ努力をまずはしましょう。

都会と田舎の中間〝トカイナカ〟で暮らす

しかし、無理して住宅を購入するのはだめです。かえって大きな負担と苦痛を抱え込んで身動きがとれなくなってしまいます。また、見栄を張って都心に家を買おうなんて妄想もやめたほうがいいでしょう。かといって、どこでもいいということではありません。老後をどこで暮らすかはとても重要なことだからです。

そこで私がお勧めするのが、都会から五〇キロメートル前後の、都会と田舎の中間〝トカイナカ（＝都会田舎）〟。都会に比べて、何といっても住宅の価格がだんぜん安い。買い物にも不自由しないし、新鮮な野菜あるいは魚が驚くほど安く手に入る。生活費はぐんと少なく済む。そこそこの文化的刺激もあり、都会にも出やすい。人とのつながりや輪もあり、ガンディーの教える〝地域のみんなで幸せになれる〟素地も整っているわけです。

実は私の家もトカイナカです。緑が多くて、空気がおいしい。朝はカッコウが鳴きます。住み心地は申し分ありません。

貯蓄は生活費の三年分を目指そう！

超貧困時代に立ち向かう戦略の基本は三つです。第一に「基地」＝住まいを確保すること。そして「備蓄」＝ほどほどの貯蓄をしておくこと。三つ目が「生きがい」＝好きなこと・活躍できる場を持つこと。基地については前述したとおりで、備蓄について触れます。

老後のためには五〇〇〇万円、さらには八〇〇〇万円は不可欠、などと不安感を煽《あお》るマネー評論家がいますが、それは毎年海外旅行に出かけたり優雅な老後を過ごしたい人にとっての目安であって、庶民には無縁です。

実現可能な貯蓄をしましょう。

私は常々、「年収ではなく生活費の三年分ぐらいを目安に」と言っています。生活費が年に一八〇万円の家庭なら五四〇万円です。不意のトラブルにもどうにか対応できる、ひとまずは安心できる備蓄額でしょう。四〇代、五〇代の家計が苦しいときでも、工夫を積み重ねれば何とかなります。

お金から自由になるための貯蓄であり節約だと心得る

ともかく貧乏の峠道を歩き抜くには、貯蓄なしでは厳しいと心してください。お金がないと思わぬ事故やトラブルを切り抜けることができないばかりか、例えば、耐えがたい仕事でも辞めるに辞められず、パワハラを受けても嫌々服従しなければならないというような、不本意で不愉快な事態が起こりうるからです。

お金がないことで、お金に縛られてしまうわけです。だから、お金から自由になるために貯蓄をする、節約もそのためのもの、そう考えるのが正しいのです。つまり、金持ちになるために働くのではなく、お金に縛られないために働いて節約する――これが心得です。

私も結婚直後は基本給しか出ない時代が続いて、とても貧乏で、心底やばいなあと思ったものです。それで、ともかく天引きで月一万円ためるようにしました。それを三〇年以上続けてきて今、利子も入れて四〇〇万円ほどになりました。これぐらいあれば突然のリスクにも対処できます。コツコツ続けてきて良かったと実感しています。

安全かつ少しでも利子のいいところに預金する

備蓄を株式投資で大きく増やすという方法もあります。ただし必ずリスクを伴うので、攻めてはだめだということを肝に銘じてください。牛のオーナーやらのおいしい話にも飛びついてはいけません。まずは疑ってかかることです。庶民としての基本スタンスはあくまでも資産防衛、それを見失ってはいけません。

しかしだからといって、利子などないに等しい普通預金にぼーっとお金を入れておくというのも考えものです。特にこれからは物価が上がるインフレが予想されるので、実質目減りします。普通預金はインフレに弱いのです。

だから常にアンテナを張って、例えば地元の信用金庫や農協などがときどき行うお得なキャンペーンや、あるいはネット銀行とか、安全かつ少しでも金利のいいところに預ける努力をしましょう。

わたくし言《ごと》③

結婚前後と金の延べ板

私は結婚前、金の延べ板を二本持っていました。毎日夜中の二時、三時まで働いてものすごく稼いでいたので、若気の至りで全財産をつぎ込み、共済組合から借金までして購入したのです。

しかし結婚費用が必要となったとき、金価格は購入時よりかなり値下がりしていました。ただほかに資金がないので、仕方なく一本売りました。大損でした。

そして結婚直後にメキシコ金融危機などがあって金価格が暴騰、残りの一本を売ってそれでほぼプラスマイナスゼロ。残ったのは共済組合からの借金の金利だけでした。

その後コツコツと利子を返済したのですが、手元には金のかけらもないわけです。存在しないものの借金を返すのはこんなにもつらいものなのかと、骨身に染みてわかりました。

私が得た最大の教訓は「貧乏人は、ばくちを打ってはいけない」、そして「ばくちを打つのに借金をしてはいけない」ということでした。

先にためるか後でためるか

よくお金がたまらないとこぼす人がいますが、たまる人とたまらない人の最大の差は何かというと、先にためるか後でためるかということに尽きます。

後でためようとするからたまらないのです。たまる人は、有無を言わさず真っ先に貯蓄にまわす。そして貯蓄したお金のことは忘れて、残ったお金でやりくりするのです。貯蓄は天引きにかぎります。

私がこれまで出会った人のなかで、この人こそ最強のつわものだと脱帽した専業主婦がいます。ご主人の年収は六〇〇万円なのに一年で五〇〇万円も貯金したのです。

どうしてそのようなことができたかというと、ご主人の給与と賞与はそのまま貯金に回し、生活費は自分のバイト代だけでやりくりしたのです。

彼女のすごさは徹底していて、例えば、お腹がすいていると買いすぎてしまうからと、冷蔵庫のなかの残り物を全部食べてから買い物に出かけます。スーパーは二周する。一周目でその日の商品の価格をチェックして作戦を練り、二周目で安くてお買い得のものを必要最低限だけ購入するのです。もちろんカートなんぞは使いません。買いすぎを防ぐため、カゴを提げて腕に重みを感じることを自らに課していたのです。

知恵と工夫と覚悟で頑張れば、何とか貯蓄はできるものです。コツコツでいいのです。目指しましょう、生活費の三年分の貯金を！

2 セコロジーで行こう！

ケチとかシブチンはほめ言葉だと思うべし

私が提唱している「セコロジー」についてお話しましょう。

セコロジーとは、セコイとエコロジーを合体した造語で、セコイとかケチとかを恥ずかしいことだと思わず、むしろ積極的に肯定する暮らし方をいいます。モノを無駄にしないから断然エコロジーでもあるわけです。財布にも環境にもやさしい節約術、セコロジーを実践していけば、超貧困は必ずや回避できます。

第一に実践すべきことは、意識改革。見栄とか照れくさいとかは捨ててください。ケチとかシブチンとかは、ほめ言葉なんだと、素直に思えるところまで行き着けば免許皆伝です。

セコロジーを貫けば、スーパーに出かけるにも心構えからして違ってきます。

チラシを詳細に分析し、特売日や大安売りの日だけ買い物をする。カートはつい買いすぎてしまうので使わない。献立を考えてから出かけるのではなく、安いものだけを買ってきて、それらをずらっと並べて献立を考える。

スーパーに置いてあるみんなが見向きもしないセコイ懸賞に応募して牛乳一本・二本、トイレットペーパー一ロール・二ロールを確実にゲットする。割引のクーポンは絶対に捨てない。また、頻繁に利用するスーパーの株を、損得をじゅうぶん秤《はかり》にかけたうえで購入するのも手で、株主優待やキャッシュバックが楽しめるうえ、割引があってポイントもたまり、あわよくば株価も上がる……と、まだまだいっぱいあるはずです。

もらい上手はセコロジーの鉄則

以前、一か月一万円で生活するというテレビの番組にチャレンジしたことがあります。

キャベツやレタスの外側の部分とか食べられるのに捨てられてしまう野菜や果物をただでもらったりして、結局一か月の食費は、四二〇〇円しかかかりませんでした。もらいものはダメというルールさえなければ、本当はゼロ円でもいけたのですが……。

番組では、薬局で青汁とか栄養ドリンクのサンプルをもらったりしたことが、芸能人パワーを使ったとして反則とみなされ没収されてしまいましたが、こういうところに着目してただでもらうということも、セコロジーの技です。持っていってくれると処分する手間が省けて助かるというお店だって、案外とあるものです。

ただし、ものをもらうのにも、ください、ちょうだいだけではいけません。感謝と喜びをもって応えなければいけません。

例えば、近所の人がおすそわけですと持ってきてくれたら、それがどんなに必要のないものでも、満面の笑みで「ありがとう」と言うのです。嫌な顔などしたら相手の善意を傷つけてしまい、以後何もくれなくなりますし、悪くすると縁が切れることになりかねない。いいことは一つもないのです。

ともかく笑顔でいただいて、その後で欲しいと思っている人にそっと回せばいいのです。

もらい上手になるというのは、セコロジーの鉄則です。

ちなみにセコロジーは、私が頭で考えてから始めたものではありません。私がずっと実践してきたことに後付けでセコロジーという括《くく》りが付けられたのです。

森永さんはたくさん稼いでいるのになぜそんなにセコイのですかと、面白半分、あきれ半分に聞かれることがあります。答えは簡単明瞭です。――「節約って楽しいじゃないですか」。

乗り換えの方法を工夫して電車賃が五〇円安くなったり、偶然特売日に出くわしてお得な増量商品をゲットできたりしたら、私はもううれしくてたまらない。だからこそこうして、胸を張って皆さんにセコロジーをお勧めするのです。

見直しをしなければ無駄な出費は継続する

家計の節約について考えてみましょう。

家計のおよそ三分の二は、食費等の変動費です。だから節約はここを狙い撃ちするのが手っ取り早くて効果も大きいのですが、長続きできそうにない人は、固定費から始めるようにします。

まずは電気代。もっと低いアンペアで間に合うようなら、電力会社とのアンペア契約をすぐにも変更します。電球は八分の一の電気代で済むＬＥＤに取り換える、省エネに優れた家電の買い換えを検討する、冷蔵庫は壁との間を一〇センチは開ける、電気はこまめに消す、待機電力もバカにならないので使わないプラグは抜く、エアコンのフィルターを清掃する……と、節約につながることをどんどん積み重ねるのです。格段に電気代が下がる

わたくし言《ごと》❹

ショッピングバッグ作りの内職

子どもが生まれた頃の我が家は、本当に貧乏でした。

子どもがいるのでカミサンは働きに出ることができません。そこで内職をすることにしたのですが、一枚何銭の封筒貼りよりもいいだろうと高級ショッピングバッグ作りを選んだのです。一つ作って二〇円前後の報酬です。

これが大きな見込み違いでした。高級ショッピングバッグですから、正確に丁寧に折り目をつけ、慎重に形を組み上げなければなりません。私も手伝ったのですが、細部の接着、仕上げに至るまで気を抜けず、一つでき上がるのに一時間もかかってしまうのです。

パートに出るのと変わらないぐらい稼げそうだと安易に考えていたのが、あにはからんや、時給二〇円だったというわけです。結局この内職は長続きしませんでした。

そのときの大変さは忘れることができません。だから今もショッピングバッグを粗末に扱うことができず、我が家には、たくさんのショッピングバッグがたまっているのです。

はずです。

通信費も、例えば携帯電話についていえば、ずいぶんと料金を支払っているわりに、皆さん料金プランの見直しをあまりしていないようです。インターネットのサイトに料金シミュレーターがあるので、明細を打ち込めば、どの会社のどういうプランが安いかが簡単にわかります。もちろん直接ショップに行って、もっと安いプランはないか、恥ずかしがらずに聞いてみるのが手っ取り早い方法です。

契約の切り替えをしたりするのは煩わしいことですが、そのときかぎりのこと。一方、無駄はずっと継続していきます。おっくうがって後回しにするのは〝損をためている〟ことなのだと自らに言い聞かせて、何としてもセコロジーを実践してください。

クーポンはファイルに整理して持ち歩くのもアイデア

クーポン、ポイントカードはとことん活用します。

雑誌や新聞、チラシなどにクーポンを見つけたら、ともかく切り抜いておく。また無料で配られているクーポン券を集めた雑誌は必ず持ち帰って、棚にきちんと整理する。さらに、食事に出かけるときは、インターネットのクーポン券サイトをぬかりなくチェックするようにしましょう。

私の知人に、クーポンをどっさり、ファイルにきれいに整理して、常に持ち歩いている達人がいます。一緒に食事に出かけるとバサッとファイルを開いて、「この店のあるわぁ」って言って喜んでいます。

ポイントカードのポイントをいかに賢く増やすか

ポイントカードは、塵も積もればの「チリツモ」ですが、ポイントがたまれば買い物の支払いに使えたりするのですから、利用しない手はありません。

ただし漫然と持っていてもだめで、セコロジストは、上手なポイントのため方を心がけます。ポイント倍増のサービスデーは見逃さない、レジ袋を受け取らなければエコポイントが付くという条件があれば必ず手持ちの袋を持参するなど、テクニックを習慣化することが大切です。

また先に触れたように、頻繁に利用するスーパーやショップの株を持っていると、多くの場合、買い物時に割引が受けられるうえ、ポイントカードにポイントも付きます。

案外知られていないようなのですが、駅の売店などでも利用できるJRのＳｕｉｃａも、Ｓｕｉｃａポイントクラブに登録（無料）しておくと、買い物時にポイントが付きます。

そのほか、コンビニのポイントカードも、使いこなし方しだいで大きくポイントアップが図れます。頻繁に利用しているコンビニがあるなら、ホームページで特徴を把握しておくべきでしょう。

また、たくさんのポイントカードを財布やバッグのなかにごちゃごちゃに入れている人がいます。利用時にいざ出そうと思っても見つからず、まあいいか、となってしまうのでは持っている意味がありません。クーポンと同様、死蔵にならないよう自分なりの整理整頓を凝らすことは、セコロジーの威力を発揮させるための基本となります。

競争率の低いプレゼントや懸賞に的を絞る

プレゼントや懸賞も見逃さないようにしましょう。

数撃てば当たる方式でハガキを書きまくる応募術もありなのですが、例えばよくスーパーで見かける、賞品が牛乳一本・二本とか、洗剤一本とかトイレットペーパー二ロールとか、セコく見えるがゆえにあまり見向きされないものに応募すると、かなりの確率で当たります。

テレビ番組の視聴者プレゼントも同様です。視聴率の高い番組のものは応募者も多く当選しにくいのです。そこで例えばＢＳデジタル、県内放送のＵＨＦ局の番組など、競争率が低いと思われる番組に目を付けます。

ラジオも、常連さんよりも初めての応募者を優遇することが多いので、そういう番組を選んで応募すると、当たる確率が高いといえます。

雑誌なら、男性誌のプレゼントが狙い目です。というのも男性はめんどうくさがりやが多く、女性に比べてハガキを書こうとしない傾向があるからです。

こうしてこまごまと生活必需品などを当てていけば、何かと暮らしに役立つし、家計の節約にもつながります。

フリマで購入するなら店仕舞いの夕方が狙い目

衣類も、新たに買う前に在庫を点検します。昔のものでも、少し手直ししたり、着こなし方やコーディネートしだいで、けっこう間に合うものです。大事に上手に使い続けることこそ本当のおしゃれで、センスなのです。

だいたい最先端の服や有名ブランドもののバッグでなければだめだというのは、自分がないことの証《あかし》です。そんなものばかりで着飾っている人を見ると、品性がないなあ、教養がないなあと、私なぞはつい思ってしまいます。

どうしても購入したいときはフリマ（＝フリーマーケット）に行きましょう。それも店仕舞いの夕方が狙い目です。出店者はできれば売り切ってしまいたいと思っているので、値引き交渉もスムーズにいくことが多い。すてきな服やバッグ、アクセサリーなど、破格の値段で手に入る可能性が高いのです。

オークションやリサイクルショップを活用する

家のなかの不用品をやたらと捨ててしまうのはもったいないことです。前述のフリマを活用したり、少し値の張るものならオークションに出品したり、リサイクルショップに持っていくことです。本もよほど汚れていなければ何がしかのお金になります。五〇円、一〇〇円の儲けでいいではないですか。ゼロ円は、何度足しても掛けてもゼロ円ですが、一〇〇円は一〇回の積み重ねで一〇〇〇円になるのです。

こうして考えてくると、セコロジーのアイデアやヒントは無尽蔵に出てきます。セコロジーとはつまり、生活する知恵を磨くことに他ならないのです。そしてそれは家計の節約となって実を結びます。だから、周囲の目など気にせず、堂々と胸を張って継続していくことをお勧めします。

3 「超貧困」時代を楽しく歩く

生きがいがあれば坂道峠道を歩き抜く元気が出る

中庸と教養の項（154ページ）でも触れましたが、戦略の三つ目、生きがい＝楽しいこと・活躍できる場所を持つことについて、あらためてお話したいと思います。

〈超貧困時代を歩く〉の〝歩く〟の前に、〝楽しく〟という形容詞が付いて〝楽しく歩く〟ことができるかどうかは、生きがいの有無とその充実度が大きく関わってきます。

基地とセコロジーを含めた備蓄を確保するだけでは、超格差、超弱肉強食、超貧困に負けないようにと頑張る力が湧いてきません。そこに生きがいが加わってこそ、対抗しうる元気が生まれるのです。

いつまでも若々しく暮らしているお年寄りに共通していることは、楽しめること、夢中になれること、活躍できる場や必要とされる場を持っていることとです。そこそこ忙しいので、わざわざジムや体操教室に通って体力や筋力を養う必要もありません。

趣味や楽しみはできるかぎり早めにスタートする

趣味や楽しみは、できるだけたくさん、複数を確保しておいたほうがいいでしょう。

私はペットボトルのフタのコレクションなどもしていますが、一見どうということのないと思われそうなことでいいのです。自分の心が弾んでくる、これがあれば満足というものをたくさん持つことです。参加する場が多ければ多いほど、行動範囲が広がって人間関係も豊かになります。もしもだれかと仲たがいしたり気の合わない人ができたりして場を一つ失うことになっても、まだほかに場があると思えるので安心できます。

またそれらは、思い立ったらなるべく早く着手することが大切。早く始めた分、上達も早いし、楽しさも人間関係もより密度の濃いものとなるからです。定年してからでいいというふうに決めつけず、早めにスタートしましょう。

生きがいは心を強くします。この先、どんなに困難な坂道峠道が続いても、必ず楽しく歩いていけるはずです。

わたくし言《ごと》❺

ペットボトルのフタのコレクション

私は今、六〇種類のコレクションを楽しんでいます。それも、空き缶や食品パッケージ、お菓子のおまけなど、お金のかからないものばかりです。

とりわけお金がかかっていないのが、ペットボトルのフタのコレクション。なんでそんなものをと思われるかもしれませんが、柄が入っているフタはデザイン的に見事に計算されていて、並べると実にきれいなんですね。

これまで日本で出たペットボトルのフタは約二〇〇〇種。一〇〇円ショップにあるファイルケース一冊に一〇〇個入るので、二〇冊買えば全部収まる計算です。コレクターが集まるオフ会もあって、フタだけで五時間は熱く語り合えるんです。

書画骨董といったコレクションもすばらしいとは思いますが、熱中すればするほどお金もかかるものです。ましてやそのために生活を切り詰めて苦しんだりするのは、人生を楽しむためということから、大きくそれてしまいます。

生きがいや趣味はたくさんあったほうがいいのです。何もないという人は、私のようにお金のかからないコレクションから始めてみてはいかがでしょう。はまるかもしれませんよ。

おわりに

この本を書き始めたときに、私がいちばん懸念していたことは、アベノミクスの第三の矢、すなわち公共サービスの民営化と規制緩和の政策によって、日本がますます格差社会に向かっていくということでした。もちろん、その考えは今でも変わっていませんが、もっと恐ろしいことが起きるのではないかと、最近になって、私は本気で心配しています。それは、戦争です。

特定秘密保護法の強行採決と成立、椀飯振舞《おうばんぶるまい》の防衛予算、靖国神社の参拝など、最近の安倍総理の行動は、戦争への道をまっしぐらに進んでいるように、私には見えます。

本文のなかでも述べましたが、総理大臣が靖国神社を参拝することのいちばんの問題は、靖国神社にA級戦犯が合祀されているということです。A級戦犯というのは、日本を戦争に駆り立てた指導者で、命じられて戦争に参加した一般の兵士とは性格がまったく異なります。A級戦犯は、日本を戦争に巻き込んだ責任者なのです。そうした人たちが合祀されている靖国神社を総理大臣が参拝するということは、A級戦犯の犯した過《あやま》ちを容認することにつながりかねないのです。中国や韓国が総理大臣の靖国参拝に神経質になっている理由も、まさにこの点にあるわけです。また、天皇陛下はA級戦犯が合祀された後、一度も靖国神社を参拝されていません。天皇陛下も、戦争責任者を参拝してはいけないとお考えなのです。

そうした状況を十分承知しながらも、安倍総理は政権一周年を機に、靖国神社の参拝に踏み切りました。戦争で散ったすべての英霊を弔うために靖国神社に参拝すべきだという強い信念からです。

しかし、二〇一三年一二月の靖国神社参拝で、安倍総理にとって予想外の事態が起きました。アメリカが「近隣諸国との緊張を悪化させるような行動に米政府は失望している」という安倍総理を非難する声明を発表したのです。しかも当初は米大使館の声明だったのですが、国務省が同じ声明を発表しました。

安倍総理は、靖国参拝をアメリカが黙認してくれると思っていたはずです。アメリカには参拝を事前通告していましたし、何よりTPP参加、普天間飛行場の辺野古への移設、特定秘密保護法案の成立など、これまで安倍政権はアメリカのために全面協力をしてきたからです。これだけ貢献しているのだから、靖国参拝くらいは、当然許してくれると考えていたのでしょう。

しかし、アメリカは「余計なことをするな。中国との関係はこちらでやるから、日本は息を潜《ひそ》めていなさい」という指示をしてきたのです。言い方を変えると、安倍総理は、いろいろとアメリカに気を遣って、アメリカの右腕か、少なくとも一の子分になっていたつもりだったのですが、アメリカから見た安倍総理は、それほど高い地位ではなく、「執事」くらいの位置づけだったのです。独自外交は許されない、半人前の扱いです。

ある意味で、それはわかっていてもよさそうなことでした。例えば、男女交際で、相手に好きになってもらおうと、いくら貢ぎ物をしても効果はありません。贈り物などしなくても、うまく行くときはうまく行きます。一方、ダメなときにはいくらモノで釣ろうとしても、ダメなのです。そもそも、アメリカは元から日本を「ミツグ君」としてしか見ていないので、それ以上の地位にはなり得ないのです。

私は、これ以上アメリカに貢ぎ続けるのは、止めたほうがいいと思います。お金をドブに捨てるようなものだからですし、アメリカの言いなりになっても、日本人が幸せになれるとは、思えないからです。

今の政界にしろ、財界にしろ、日本で大きな力を持っている人たちは、日本をアメリカ型の経済社会システムに変えようと考えている人が主流派になっています。その背景には、そうすることしか、日本の経済成長を実現する手段がないという信念があるように見えます。私は、そうは思いませんが、仮にそうだとしても、弱肉強食化によって経済を拡大して、いったい何の意味があるのでしょうか。構造改革派の成功モデルは、一九八〇年代のイギリスでしょう。一九七九年に首相に就任したマーガレット・サッチャーの構造改革策で、英国病とまで揶揄《やゆ》されたイギリス経済は大きな発展をみました。

ただ、経済成長という面では、イギリスは大きな成果を得たのですが、それでイギリス国民が幸せになったかといえば、私はそうは思いません。サッチャー以前は、「ゆりかごから墓場まで」という世界一の高福祉社会をイギリスはつくっていました。景気が低迷していても、所得水準がさほど高くなくても、イギリス国民は大きな不安を感じずに、ゆったりと暮らしていたのです。しかし、構造改革がもたらした弱肉強食社会のなかで、イギリス国民はちょっとでも気を抜くと転落してしまうという恐怖感のもと、ハードワークが避けられなくなったのです。稼げないのは、自分が悪い。悔しかったら、頑張れ。そんな掛け声のもとで、私には、イギリス国民がかえって疲弊してしまったとしか思えません。安倍総理の掲げるアベノミクス第三の矢は、日本社会をイギリスのように変えるものだと思います。

そもそも、豊かになるというのは、ゆったりと暮らせるようになることだと私は思います。ところが、日本はそうなってきたでしょうか。高度経済成長が始まった頃と比べると、日本人の実質所得は五倍に増えています。それで、私たちの暮らしは本当に五倍豊かになったでしょうか。例えば、サザエさんの家では、マスオさんは毎日晩ご飯の時間には、会社から家に帰ってきて、家族で食卓を囲みます。今、私の周りでは、毎日晩ご飯を家で食べているサラリーマンは、ほとんどいません。

もっと昔を振り返ると、江戸の町民の一日の労働時間は、たった四時間だったそうです。それでも、今の物価に直すと二五〇万円程度の年収がありました。今のように買うべきものも多くはないので、その程度の年収でも、生活には大きな余裕があったのです。ですから、江戸の町民は落語や相撲や歌舞伎を楽しむなど、人生を大きくエンジョイしていました。その生活が、明治維新によって破壊されました。日本は欧州にならって近代化されましたが、それで庶民の暮らしが良くなったかといえば、私には大きな疑問です。

良くなったのは、倒幕によって、権力を握った薩長の人たちだけでしょう。日本の未来を拓《ひら》くのだと言いながら、結局、彼らだけが豊かになったというのが、明治維新の成果だったのではないでしょうか。

話を元に戻しましょう。安倍政権の怖いところは、単に政権に近い権力者だけを豊かにする超弱肉強食社会をつくるということだけではありません。もっと恐ろしいことが起きる可能性が十分あると私は思っています。それが戦争への突入です。

そんなことがありうるのかと思われるかもしれませんが、戦争は意外に小さなきっかけから起きてしまうものなのです。

四月からの消費税引き上げで、日本経済は大きな打撃を受けるでしょう。多くの評論家が、一時的な景気低迷で済むと予測していますが、そんなことはありません。実質所得が大幅に減るのですから、消費が失速しないはずがないからです。

景気が失速すれば、景気が良くなっていることを最大の支持基盤とする安倍政権は危機に陥ります。そのとき、安倍総理はどう行動するでしょうか。

私は、中国や韓国を仮想敵国として、国民の危機感を煽《あお》り、軍事面で強いリーダーシップを発揮しようとすると考えています。これは、妄想ではないと思います。現に中国や韓国は、日本を仮想敵国にして、政権が求心力を得ようと、すでに行動しているからです。

私は、どんなことがあっても、戦争だけはしないほうが良いと思います。それは、戦争によって傷つくのは、いつも「弱い人」だからです。

私の父は、特攻隊員でした。といっても、ゼロ戦に乗っていたのではなく、咬竜《こうりゅう》という四～五人乗りの人間魚雷の乗組員だったのです。出撃の日も決まっていて、終戦があと二週間遅れていたら、私はこの世に存在していませんでした。叔父も特攻隊員で戦死したことから、私は小学生時代には、毎年、春と秋の靖国神社の例大祭には、必ず連れて行かれました。そこで戦争の悲惨さを嫌というほど知らされました。

特にショックだったのが、特攻隊員の大部分が、若者だったということです。帝国海軍には、優秀なパイロットがたくさんいました。ところが、職業軍人が特攻に加わることはほとんどなく、実際に特攻を命じられたのは、操縦技術も未熟な若者たちだったのです。学生だった父も、海軍予備学生として召集され、特攻を命じられたのです。

そのほかにも、終戦後、南方戦線から引き揚げてきた下級兵士がガリガリにやせていたのに対して、上官は太っていたという話もよく聞きました。それどころか、本当の戦争の仕掛け人たちは、前線に立つこともありませんでした。

結局、市場原理主義社会でも、戦争でも、不幸を背負うのは、社会的な弱者、庶民なのです。ただ、経済面での超格差社会よりも戦争のほうが、はるかに深刻です。ひとたび戦争が始まれば、庶民には身を守る対抗策が、何もなくなってしまうからです。

戦争を止められる力は、国民の良識のなかにしかありません。だから、超貧困に備えるとともに、戦争を回避する努力を一人ひとりがしていく必要が、本当にあるのだと思います。自分と自分の大切な人たちの命を守るために。

二〇一四年一月

森永卓郎

森永卓郎（もりなが・たくろう）
1957年、東京都生まれ。経済アナリスト。獨協大学経済学部教授。東京大学経済学部卒業後、日本専売公社入社。日本経済研究センター、経済企画庁総合計画局、三井情報開発総合研究所、UFJ総合研究所などを経て現職。テレビ、ラジオ、雑誌、講演などで幅広く活躍中。『年収300万円時代を生き抜く経済学』（光文社）、『大貧民』（アーク出版）、『庶民は知らないアベノリスクの真実』（角川マガジンズ）ほか著書多数。公式ホームページは、
http://members2.jcom.home.ne.jp/morinaga/

「超貧困」時代

アベノミクスにだまされない賢い生き方

2014年3月4日[初版第1刷発行]

著者　森永卓郎

発行者　藤木健太郎

発行所　清流出版株式会社
東京都千代田区神田神保町3-7-1
〒101-0051
電話　03-3288-5405
振替　00130-0-770500
＜編集担当＞松原淑子
http://www.seiryupub.co.jp/

印刷・製本　図書印刷株式会社

乱丁・落丁本はお取り替えいたします。
ISBN978-4-86029-415-1